夢実現とお金の不思議な29の関係

～お金でシンデレラの馬車を買う方法～

女性ビジネスブランディングの専門家
世界一の男のプロデューサー
後藤勇人

同友館

はじめに

シンデレラの馬車は、お金で買う

皆さん、女性の憧れ「シンデレラ」はご存知ですか？
もちろん、知っていますよね。
そう、あの有名な女性のサクセスストーリーです。

継母とその連れ子である姉たちに日々いじめられ、辛い思いをしていた女性が、ある一晩の魔法から素敵なドレスとガラスの靴をゲットし、白馬の馬車に乗って舞踏会に参加。素敵な王子の目に止まり、その後、王妃に迎えられる有名な話です。

でも、その話には怖い結末があり、夜中の12時を過ぎれば魔法が解けて、素敵な馬車はかぼちゃに戻り、白馬はネズミに戻り、自分自身も元のみすぼらしい姿になってしまうというストーリーです。

現在において、ビジネスの側面では、多くのビジネスパーソンが自分の夢を実現すべく、女性はシンデレラストーリーを手に入れたいと望み、男性は王子になりたいと望むでしょう。それは至極もっともなことで、当たり前の感情です。

しかし、シンデレラは選ばれた女性だけで、王子は選ばれた男性だけがなれるものと思っているのも、また事実でしょう。

でも、ちょっと待ってください。

現在シンデレラになっている女性、王子になっている男性は、初めからその資格や資質、環境があった人たちでしょうか？

実は、そうではなかったのです。

もちろん、一部のお金持ちの家庭に生まれた人は、その資格を与えられていたかもしれません。しかし多くの場合は、シンデレラのように、まったくのゼロの状態から、シンデレラや王子になっているのです。

申し遅れましたが、私は世界一の男のプロデューサーこと、ブランディングプロデューサーの後藤勇人と申します。「女性ビジネスブランディングの専門家」でもあります。

現在は、この本を含めると8冊の本を出版しています。

ここで、私のプロフィールを少し紹介します。

もともと小さな町の理容師で、24歳でヘアサロンを開業し、お客様の髪の毛をカットしてお金をいただくという本当に地味で、コツコツとお金を稼ぐ仕事をしていました。

現在でもしていますが、カット1人4000円ぐらいの仕事で、決して大金を手に出来るようなビジネスではありません。

しかし、他の人より優れた特徴があったため、その後、ショットバーを買収したり、日焼けサロンを作ったり、32歳までにグループ4店舗、年収2000万円を達成し、1億円の自社ビルまで建てることができました。

その後も、グレコのギターで有名な世界のギターファクトリー、「フジゲン」創業者の横内祐一郎氏の総合プロデュースをするまでになり、「世界一の男のプロデューサー」と呼ばれ、現在では、ビジネスで輝く女子を創る「ビジ女」プロデューサー、女性ビジネスブランディングの専門家としても認知されています。

小さなお金をコツコツ稼ぐビジネスをしていた私が、なぜ現在のようなポジションを手に入れることができたのでしょう？

それは、お金の使い方がとても上手だったからなのです。

具体的な使い方については本文に譲るとして、少しだけお話しをしましょう。

少ないお金でレバレッジをかけたり、お金で魔法使い集団を雇ったり、お金でシンデレラの馬車を買ったり、さまざまなお金の使い方をしてきたのです。ど

んな点に気配りをして実践してきたかというと

◇お金を使って、どのように自分を見せれば効果的か？

◇少ないお金で最高の結果を得るには、どう使ったらいいか？

◇お金でタイムマシーンを買うには、どうすればいいか？

◇各分野の専門家を自分のブレーンとして働いてもらうには、どうしたらいいか？

◇自分を3割アップで見せるためには、お金をどう使えばいいか？

◇他人が自分に興味を持ってくれるのには、お金をどう使えばいいか？

◇倍々ゲームでお金を増やすには、どうすればいいか？

ちなみに、こうしたお金の使い方の特徴は、私にかぎったことではありません。

「夢の実現」を手に入れている人には多くの場合、共通しているのです。

お金というのはさまざまな特徴があり、ある意味、その使い方によっては、キラキラ輝く「生き金」になったり、自分の身を滅ぼす「死に金」になったりもします。

扱い方によっては、敵になったり味方になったりするのです。

本書では、私のお金の使い方をベースに、私のクライアントで夢を叶えている人、私のメンターや成功している友人などの事例も入れながら、お金をその何倍もの価値に変化させる、夢を叶える方法をひも解いていきます。

この本をあなたが読み終る頃には、あなたは夢を叶えるお金の使い方を完全にマスターし、この先の人生で自由自在に自分をプロデュースすることができるでしょう。

そして、あなたの夢であったシンデレラの馬車を手に入れ、しかも、一生魔法が解けない現実を手に入れることが可能になります。

あなたが女性ならシンデレラに、男性なら王子様にも自由になることができます。

なぜなら、そのチャンスの前髪を、今まさにつかんでいるからです。

このチャンスを覚めてしまう魔法で終わらせないためにも、本文へと進んでいってください。

私が、しっかりナビゲートさせていただきます。

それでは、本文でお会いすることを楽しみにしています。

世界一の男のプロデューサー
女性ビジネスブランディングの専門家　後藤勇人

プロローグ

成功する人のお金の使い方

――「先を読んで」お金を使う

夢とお金には非常に密接な関係がある

最初に、「夢とお金の関係」についてお話しさせていただきます。

多くの人は「夢は夢、お金はお金」というように、頭の中で夢とお金を別のものととらえてしまっています。

しかし実は、夢とお金には非常に密接な関係があるのです。

夢を叶える、あるいは成功を手に入れる場合、時には自分が達成したい分野の専門家の力を借りることが必要になります。自分一人の力だけでは、なかなか実現できません。

お金で専門家のスキルを買い、お金で人間関係を作っていく、お金ですでにある商品を買うなど、夢の実現を加速させるためにお金を使うことが必要になってきます。

この点から見れば、「夢を叶えること」と「お金」が非常に密接な関係にあることがご理解いただけると思います。

私は24歳で起業しました。ヘアサロン、日焼けサロン、ショットバー、美容室を経営し、現在はアパート賃貸も行っています。このようにこれまで多くのビジネスを手がけていますが、その間に多くの成功者の方に接する機会もありました。

この経験から断言できるのは、「多くの成功者はお金と夢実現が密接な関係にあることを知っている」ことです。

お金と夢を叶えることの密接な関係を知れば、さらに、お金の使い方がとてもうまくなるのです。

具体的には、目前にある物を買うためにお金を使う場合、夢を叶える人、あるいは成功する人の多くは、「今、目の前のある物からその先に起こりうるストーリーを読んでお金を使う」という特徴があります。

「目の前の一点から生まれていくストーリー」に対してお金を使っていくのです。

反対になかなか成功できない人は、目前の物、目前の一点だけを見て、お金を使っています。

1万円を「生き金にする人」と「死に金にする人」

たとえば、ある二人の人がいるとします。

二人は同じ1万円を持っていますが、Aさんはパチンコに使い、Bさんは誰かを食事にお誘いして、ごちそうすることに使います。

二人のお金の使い方は、1万円を消費するという意味では同じです。

しかし、そこから将来的に生まれるお金やチャンスという観点で見ると、大きな違いがあります。


まず、Aさんのパチンコです。

パチンコから得られるものは、数パーセントの確率で勝つかもしれないという期待感やギャンブルに対する高揚感、他にも趣味としての楽しみの時間を買うことができるでしょう。

勝つ確率はわずか数パーセントですし、もし勝った場合でも、そこから生まれたお金は、次のパチンコに注ぎ込む軍資金となるというデータがあります。
世間でよく言われるように、労せずして得たあぶく銭ですから、本当に泡のようにすぐに消えてしまうものです。

次に、Bさんの1万円を人との食事に使った場合を考えてみましょう。
この場合、単なる友人ではなく、これからビジネス的つながりが持てそうな人やこれから先にステージアップするためのスキルや人脈を持っているキーパーソンと、食事をすると仮定します。
そこからはどんなものが生まれるでしょうか？

たとえば、あなたがセミナー講師を目指していて、自信のあるオリジナルコンテンツを所有していたとします。

食事にお誘いする相手は、セミナー主催者を友人に持つキーパーソンか、あるいはセミナー主催者です。効果をわかりやすくするために、セミナー主催者を友人に持つ人をキーパーソンとしましょう。

その人を食事に誘い、今回は自分から誘ったのでお店のセレクトから予約まであなた自身がしたとします。

その場合は、あなたがお店の会計を持ったとしてもさほど不自然にはなりません。


では、誘われたキーパーソン側に立っては、どうでしょう？

素敵なお店のセレクトから予約まで、さらには美味しいディナーをご馳走になったとしたら、何かお返ししなくてはいけないという気持ちが生まれてきます。そうした人間関係が築かれます。

食事の時に、セミナーの講師を目指していることや、自分自身のオリジナルのコンテンツを持っていることを話したら、知り合いのセミナーの主催者を紹介してくれる可能性もあるでしょう。

そこからどんな未来が生まれるでしょう？

さらに、セミナー主催者と縁ができ、セミナー講師としての依頼が来たら、当然、講演料が入ります。また、そのセミナーでチラシを配れば、参加者の中から個人コンサルを受けたいという人も出てくるかもしれません。

あるいは、セミナーの撮影許可を取っていれば、ＤＶＤに編集して販売することもできるでしょう。セミナーの内容を出版することも夢ではありません。

このように複数の可能性が生まれてくるのです。

これはすべて、パチンコと同じ1万円から生まれた価値なのです。

同じ1万円でも、目の前の一点しか見ない使い方と、ストーリーとして先を読んで使うのでは、このように大きな差が生まれます。

この違いを、上手に夢とリンクさせることが大切なのです。

私が「世界一の男のプロデューサー」になれた理由

私にもこんな経験があります。

「横内塾」という学びの場があります。これは、そもそもグレコのギターで有名な世界的なギターファクトリー、フジゲン創業者の横内祐一郎会長が主催する塾でした。

フジゲンはOEMを含めて世界シェア40パーセントを、創業からわずか26年で達成しました。横内氏はギターの技術も音楽の知識もなかったのに、いろいろな分野の専門家との人脈を築き、世界一の会社を育て上げた方です。

現在、この横内塾は私が主催していますが、その第一回の時、私はまだ塾生側でした。参加者の一人でした。

内容は、お寺に3日間泊まり込んでビジネスの修行をするというセミナーで、参加費は5万円でした。私もその横内塾という目前の一点に5万円を投資して参加したわけです。

実は私はその時、横内塾での学びをより深いものにするため、ビデオで撮影することが可能か、横内会長に事前に打診してみました。

すると、「あなたが見るだけなら」という条件付きで、会長からビデオ撮影の許可をいただきました。

そこで私は、自分でビデオ撮影をするとセミナーを聞くことに集中できないので、専門業者に撮影を依頼しました。つまり、5万円の受講料のほかに業者への撮影代として、3日間で50万円をかけました。ゴールデンウィークの直前だったため、高いコストがかかりました。

さて、何が起こったでしょうか。

もちろん、他の参加者と同じように、私も5万円分の学びを得ることができました。

さらに、私は撮影したビデオを何度も繰り返し見ることで、横内会長のマインドを自分の心の深い部分にまで落とし込むことができたのです。

その頃、私は他のセミナーに参加したこともありましたが、その内容はお金にフォーカスしたものが多かったのです。

ところが、横内塾はお金にフォーカスせず、人にフォーカスした内容でした。

当時、私は社員が辞めるなど、いろいろな問題を抱えていました。それが横内会長からの学びにより人にフォーカスしたことで、会社の経営状態が一気に改善しました。

そうなると、横内会長のマインドをもっと多くの人にも学んでほしいという思いが、私の中に芽生えてきました。

そこで、横内会長に「この横内塾の学びを一人でも多くの人に広めたい。けれど、合宿セミナーには参加できない人も多いので、ここでの学びを本にまとめて出版したい」と提案しました。

横内会長からも快諾をいただき、「世界一マインドの36の教え」を『世界一の会社をつくった男』(KADOKAWA)という本にまとめることができました。

横内塾DVD詳細は「日本女性ビジネスブランディング協会」で検索できます。

そしてその後、私には横内祐一郎会長の教えを広める「世界一マインド伝承者後藤勇人」という立ち位置が生まれたのです。

つまり、私は5万円の参加費を払う時に、その先のストーリー、可能性を読み、ビデオの撮影代を投資したわけです。

そこから生まれた結果は、他の参加者と大きく違ってきました。

「世界一の男のプロデューサー」と「世界一マインド伝承者」という称号を得て、そこから本当に多くのビジネスが展開しました。

もちろん、多くのお金を生むこともできました。

このようにあるものを見ても、その一点だけを見てお金を使うのと、その先を読んでお金を使うのでは、大きな差が出てきます。

私はコンサルタントとプロデューサーの仕事もしていますが、クライアントから「本を出したい」という依頼をよく受けます。

自分の本を出版することはかなり難しいのが現実です。たとえば、一回6000円の出版セミナーに10回参加しても、なかなかその夢は実現できません。

出版とは、素人が出版社に企画書や原稿を持ち込んでも、千のうち三つ企画が通ればいいほうで、「千三つ」などと言われています。それほど厳しい業界です。

私のクライアントにも二種類の人がいます。

一回6000円の出版セミナーに20回、30回と参加する人もいれば、プロの出版プロデューサーである私にお金を払って依頼し、わずか半年で本を出版するという夢を実現してしまう人もいます。

実は、本を出版することにより、そこからは数倍、数十倍というお金が生まれるのです。これは、「レバレッジをかけたお金の使い方」という非常に賢いお金の使い方と言えます。

それでは第1章から、人生が大きく変わってくる賢いお金の使い方を具体的に紹介していきましょう。

夢実現とお金の不思議な29の関係 ～お金でシンデレラの馬車を買う方法～ 目次

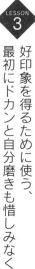

第3章

お金を働かせる人、お金を死なせてしまう人

――賢いお金の付き合い方

第4章 危険なお金は人と話で見分ける
――お金に騙されない防御術

第5章 夢を叶える人は、お金を投資する方法を知っている
——賢いお金の手放し方

第1章

お金でレバレッジをかける

──賢いお金の使い方

LESSON 1

レバレッジをかけてピンポイントで使う、お金をシャワーのように使わない

◎いかにレバレッジをかけて使うか

お金は使い方で、その後に生まれるお金に大きな差が出ます。

具体的には、「いかにレバレッジをかけてお金を使うか」がポイントになります。

レバレッジとは、てこの原理のことを言います。

小さな力でいかに大きなものを動かすかということ。お金に置き換えると、小さなお金で大きなお金を生み出すということです。

お金をあり余るほど持っていて、お金を湯水のごとく使える人は考える必要がな

いかもしれませんが、ほとんどの人はそんな状況にはありません。

そこで、レバレッジをかけて、少ない投資で大きなお金を生み出すことにフォーカスしてお金を使わないとうまくいきません。

夢を叶えるお金の使い方というのは、レバレッジの原理を利用することが非常に重要です。

プロローグで紹介したケースでは、セミナー主催者を友人に持つキーパーソンを食事に招待して1万円を使いました。

これは、お金にレバレッジをかけて未来の可能性を買ったのです。

同じお金でもレバレッジを意識して使えば、そこから得られる未来は大きく変わってきます。夢を叶えるためにお金を使う時は、そこから生まれる未来にしっかりフォーカスして使うことが肝心なのです。

◎お金をシャワーのように使うな！

お金の使い方として、「シャワーのように使ってはいけない」というポイントがあります。これも非常に重要です。

私も毎朝シャワーを浴びますが、仕事の疲れを癒し、一日の疲れを取るためのリラックスとしてシャワーは最高ですが、お金の使い方としては、シャワーのように使うことはプラスになりません。

私は車が好きで、車を洗うことも好きです。

洗車をする時、水を出すノズルはシャワー噴流とジェット噴流と二つの設定を切り替えることができます。

シャワー噴流は、車をまんべんなく濡らして車全体を洗う準備をするのには適していますが、ただし、そのままでは車についた頑固な汚れを落とすことは難しいのです。

汚れがひどいところやタイヤのホイールの汚れなどはジェット噴流に切り替え、

勢いよく水をあてると一瞬で汚れは落ちてしまいます。

このように一つひとつの力はたとえ弱くても、集中し、フォーカスすることで力は強くなっていきます。

これをセミナーやイベントに当てはめると、参加費が安めのセミナーをさがして、いろいろなセミナーに数多く参加する方もいます。

フェイスブックやブログを見ていると、あれもこれもと本当に多くのセミナーに参加し、自分の夢実現と関係ないセミナーにも行っているのでは思ってしまう方がいます。これは、まるでシャワーのようにまんべんなくセミナーに参加している人です。

イベントでも同じです。どのイベントにも必ずいる人、必ずフェイスブックで顔がアップされている人がいます。

そういう人を3年、5年というスパンで見ると、ブレイクをして、夢を叶えていることは必ずしも言えません。むしろ、そうではないケースのほうが多いでしょう。

つまり、シャワー噴流のようにお金を使ってセミナーに出たり、イベントに参加したりしているだけなのです。


自分の夢が明確になったら、その夢に関係するセミナーやイベントにしっかりフォーカスするべきです。自分の行動をジェット噴流のように束ねて、ひとつのものに集中的に出ている人は、短期間で自分の夢を達成している人が多いのです。

自分の行動やお金をフォーカスできているので、その力が強いのです。

その結果、同じセミナーに参加しても当然、他の人より学びが深くなり、イベントでも一人の人とのリレーションシップやつながりが強くなります。

良い結果も短期間で現れます。


学びも短期間で集中して学ぶことによって、多くの深い学びを得ることができます。

私は横内祐一郎会長と出会って10年になりますが、10年間、横内会長だけにフォーカスして学んでいます。それによって現在の立ち位置を得ることができました。

私は、もともとは町の小さなヘアサロンのオーナーでした。それが、「世界一マインド」「世界一の男の学び」を自分にインストールすることによって、現在のポジションが得られたわけです。

現在のポジションとは、世界一の男のプロデューサー、女性ビジネスブランディングの専門家であり、女性ビジネスブランディング協会という社団法人も立ち上げています。

おかげさまで多くのクライアントに囲まれて、海外からもクライアントが来る状態にまで自分を高めることができ、多くのお金を生むことができています。

これらもすべて、レバレッジをきかせてフォーカスした学びを実践したこと、そのことに集中してお金を使ったこと、シャワーのように使わなかったことから生まれた結果です。

人脈に関しても同じです。広く浅くではなく、しっかりフォーカスして深い人脈を作ったことによって、その人とのコラボレーションができました。

ただ単に立ち話で終わるようなリレーションシップではなく、一緒に合宿をしたり、一緒にビジネスを構築したりという深い関係性が生まれました。

これも、人脈をシャワーのように作るのではなく、自分の夢を見越して深い人脈を作っていったことによって生まれてきたのです。

ポイントは、お金をどこに使えば最大の効果があるかを見きわめて使うことです。学びの場でも、人脈作りでも、お金をどこに投資すればいいのか、最大の効果があるのかをしっかり見きわめて使う。この点をしっかり肝に銘じてほしいのです。

成功する人、夢を叶える人は、例外なくこうしたお金の使い方をしています。

皆さんもレバレッジがかかるポイントを見きわめて、その一点から生まれるストーリーを読み切って、お金を使うことを実践してみてください。

LESSON 2

お金はここ一番束にして使う、AKB48方式を見習おう

◎AKB48のマネジメントとお金のマネジメントは同じ

皆さんもAKB48はご存じでしょう。日本中で知らない人はほとんどいないのではというほどのトップアイドルグループです。

しかも、たいへん大きなお金を生んでいる存在です。

真ん中で歌うメンバーを決めるイベントを「総選挙」と称して、多くのファンを巻き込む戦略を考えると、ビジネス的にも非常に素晴らしい戦略を構築していると思います。

私の個人的感想ですが、ＡＫＢ48のメンバーというのは、初めの頃は一人ひとりが特別キレイ、可愛いという印象をそれほど受けませんでした。一人で活躍する女優やアイドルのような特別な輝きを放ってはいないような気がしました。

もっとも、この印象には個人差があると思いますが。

ＡＫＢ48というグループになると全体として大きな輝きを放つけれども、初めの頃は一人ひとりのメンバーはそれほど大きなインパクトを持ってはいなかった。私はそう思っています。

しかし、結果論からいうと、最初はそれほど特別な輝きを持っていないメンバーを束ねることで、非常に大きなインパクトを与えるグループに変化していったのです。結果的に一人ひとりも現在では輝きを放っています。

このＡＫＢ48の戦略を見て、私がすごいと思うことがあります。

人にはそれぞれ、自分の好みがあります。食べ物でいえば、カレーが好きな人がいれば、そばが好きな人もいます。うどんが好きな人、パスタが好きな人、麺類だけでも好みは人さまざまです。

好みの女性のタイプも同じです。一人ひとり違います。

AKB48はあれだけ多人数を束にしていると、誰でも一人くらいは「応援してもいいな」という好みのメンバーを見つけることができるのです。

つまり、メンバーを多く揃えることで、多くのファンの獲得が可能という利点があるわけです。その結果、メンバー一人ひとりではあり得ないような観客数を動員することが可能になりました。

しかも、一人ひとりの能力はそれほど高くなくても、束にすることによって大きな力を発揮し、大きな影響力を生み出すことも可能です。

こうした点を、AKB48というアイドルグループから学ぶことができるわけです。

では、これをお金に置き換えて考えてみましょう。

実は、AKB48のマネジメントとお金のマネジメントは同じです。

お金は1円、10円という単位から1000万円、1000万円という単位もあります。ただし、小さいお金では物事を動かし、影響を与えるという面では弱いのです。お金を束ねることによって、非常に大きな影響力を持つことになります。

私たちがA地点からB地点まで移動するケースを考えてみます。

少ないお金で移動するのであれば、たとえば電車の利用が考えられます。数百円で希望の場所への移動が可能です。

お金を束ねるという側面から考えてみると、同じ電車でも普通電車ではなく特急、あるいは新幹線を利用する方法もあります。お金を束ねることによって時間を効率的に使うことができ、より快適に移動することができます。

このように少ないお金で得られるものと、お金を束ねた時に得られる現実は大きく違ってきます。

車で移動することを考えても、ただ単に移動手段として考えるのであれば、中古の軽自動車もいいわけです。それでもA地点からB地点に行くという目的は達成できます。

お金を束ねて使い、レクサスやメルセデスに乗れば、乗り心地も非常に快適になります。ただ単に移動するだけでなく、ステータスを味わうことができ、もちろん安全面でもはるかにアップします。いくつかのメリットを享受することができます。

これもお金を束ねることによって得られる現実です。

つまり、「AKB48方式を見習おう」ということは、「一つひとつは小さなものでも、束ねることによって大きなものを動かす力を手に入れよう」ということです。

これは夢を叶えるということで考えると、大きな自分の理想を達成するためには、小さなお金を細々と使うよりは束ねて、より大きな力にしてからレバレッジをかけて使うということになります。

私が行っているコンサルティングでいうと、コンサルのメニューはいろいろ用意してあります。一番小さなメニューとしては、通常は5万円のものをキャンペーン価格で50パーセントオフの25000円で90分の個人セッションがあります。これを受ければ90分間、私のレクチャーを得ることができ、一番の人気メニューになっています。

より大きな金額のメニューとしては、250万円くらいのプロデュースメニューもあります。このメニューでは、クライアントのブランディングを明確にし、ブランディングのメインコンセプトを作り、キャッチコピーを作り、ビジネスモデルを構築します。

さらに、それらすべてをネット上で知らしめ、自分を商品としてPRするためのサイトを立ち上げます。その上でそのコンテンツをもとに商業出版を仕掛けます。ちなみに、この出版の成功確率は現在100パーセントを継続中です。つまり依頼された出版プロデュースの案件はすべて出版に成功しているのです。

これらのメニューを比べると25000円を100回受けるコンサルより、250万円を1回受けるコンサルの方が得られる結果は大きいです。結果的に使うお金は同じでも得られるものはお金を束ねた場合とそうでない場合では大きく変わるのです。

このように小さなお金で得られるものと束ねたお金で得られるものは、同じお金でもここまで違ってくるわけです。

そして、コンサルでは個人セッションから得られるものと総合的なプロデュースから得られるものでは、その先に生まれるお金に大きな違いが出てくるわけです。

お金というものは、小さな単位で使う時と束ねて使う時では、ＡＫＢ48がメンバー一人の時とメンバーが集合した時に世の中に与える影響が違うように、自分の夢実現に与える影響力も非常に違ってきます。

◎無駄なお金を使っている人が多い

ただ、ここでひとつ注意が必要なのですが、ふんだんなお金を自由に使えるというごく少数の人を別として、通常、多くの人が使えるお金は決まっていることです。

そこで、これに関して大事なポイントをお話しします。

それは、「無駄なお金を使っている人が非常に多い」ことです。

お金を束ねて使うということは、どこか他からお金を持ってこなくてはなりません。

そのためには、どうすればいいのか？

自分の夢実現にあまり関係のないようなところにお金を使うことをやめればいいのです。

たとえば、一流ホテルのレストランで一度ディナーを食べたいと思っているのであれば、少額の外食を頻繁するようなことはやめ、数か月、我慢してお金を貯めて、夢を実現するのもいいでしょう。

お金を束ねて使うためには、無駄を省くという概念を身につけることも大切になります。

成功している人や夢を叶えている人の多くは、この原理をちゃんと知っています。お金をシャワーのように使ったりしていません。

無駄なお金を省いて、その代わり自分の夢実現にフォーカスした部分にしっかりお金を投入する。これを実践しています。

自分の夢を叶えるためにお金を束にして使うという感覚を覚えることは非常に大事です。私自身、24歳で自分の店を持った時も１０００万円くらいの投資をしました。

横内会長の学びをゲットする時にも、５万円の参加費と３日間で50万円のビデオ撮影費をかけました。こうして束にしてお金を使った結果、32歳で年収２０００万、グループ４店舗、１億円の自社ビルを建設し、さらには「世界一の男のプロデューサー」「世界一マインド伝承者」という大きな肩書きをゲットしたわけです。

お金を束にして使うことで、より大きなものが得られると同時に、自分の夢に近づく最短最速の方法を得ることができるのです。

ぜひ、皆さんもお金を束にして大事な局面でしっかり使っていくという概念を、自分の夢実現のプロセスの中に取り入れてください。

LESSON 3

好印象を得るために使う、最初にドカンと自分磨きも惜しみなく

◎ヘアサロンは初めてのお客様のどこを見るか？

お金の使い方によって、人の印象は大きく変わってきます。

私がこのようにお話すると、「それはすでにお金をいっぱい得ている人に当てはまる話なのでは」、あるいは「まだ現在お金をあまり稼いでない人にはそんなことは言えないでしょう」、そんな反論が聞こえてくるような気もします。

実は、そうではありません。

ここまでお話したように、お金というものは、ある・ないではなく、いかに配分して、レバレッジポイントを見つけて、どこに使うかがきわめて重要なのです。

したがって、お金が多い少ないに関わらず、現在あるお金の比重を、どこにフォーカスするかが重要になります。

ここでは、それを「好印象」にフォーカスして、お金との関係をお話していきます。

以前、『人は見た目が9割』という本が話題になりました。その本で紹介されたように、ビジネスシーンでは第一印象が非常に重視されます。

そして、夢を叶えるという過程で、夢物語や空想論を追うのでなければ、必ずビジネス的なリレーションシップが関わってきます。ビジネスの面から夢を実現するためのいろいろなつながりが生まれてきます。

その際にも、やはり第一印象はとても大事です。

私はもともと美容師なので、見た目が大事ということを肌で感じています。

私は24歳で自分のヘアサロンを持ち、本当にさまざまなお客様を見てきました。

その経験から言えることです。

店の入口からお客様が入ってきた時、オシャレなお客様とオシャレではないお客様を、第一印象から判断します。

実は、オシャレなお客様が入ってきた時、髪を切る側はとても気合いが入ります。「この人には下手なヘアスタイルを作れないぞ」となるわけです。

そして、店のオーナーがその場にいれば、「きっとこの人の要求は相当に高いだろう。トップスタイリストに担当させなければ」と考えることでしょう。

お客様の第一印象から「この人なら、まだジュニアスタイリストでも大丈夫だろう。この人には中堅スタイリストかな」というように誰に担当させるかは、オーナーが決めるのです。

私も、「この第一印象のお客様なら自分がカットしたほうがいいだろう。この人なら、入店して3年めくらいの中堅スタイリストでもいいだろう」という見きわめをします。

初めてのお客様は、第一印象でそのように判断しています。

あまり第一印象がオシャレではないお客様は「まだ、ベテランでない中堅スタイリストがいるけど、この人ならそれでも大丈夫だろう」と思ったりします。

あまり表だって言えることではありませんが、現実問題としてあります。

それほど第一印象は大事なのです。

それでは、ビジネスシーンでの第一印象には何があるでしょうか。

時間に正確だ、服装がしっかりしている、髪型も整っている……そのように自分をしっかりプロデュースできている人は、ちゃんとしたビジネスの話ができるだろうと期待します。

反対に、時間が守れない、見た目もなんとなくだらしないという相手であれば、ビジネスに向かう力も抜けてしまいます。

たとえば、私の力が10あるとすれば、７くらいのテンションでしか話ができないというケースも当然あるわけです。

このように見ていくと、夢を叶える、ビジネスで成功するためには、自分の見ためにしっかりお金を使うということは非常に大切になります。この部分をおろそかにして失敗している人が、実際、とても多いのです。

知り合いの小学校の先生から聞いた話があります。

クラスで問題が起こり、児童の親御さんが学校にクレームを言いに来ることもあります。そうしたケースで先生が対応する際、スーツでビシッと正装して来る親御さんとラフな普段着で来る親御さんがいるそうです。

先生のほうも、親の格好で身構え方が違ってくると言います。

ラフな格好の親には、なんとかその場をやり過ごせればいいやと感じることも正直、あるそうです。でも、スーツ姿で来られると「いい加減なことは言えない。しっかり対応しよう」と緊張するのです。

つまり、自分が与える第一印象で、相手の行動の質まで変えてしまうのです。

皆さんも、夢を叶えるお金の使い方として、第一印象で自分が好印象を得るためのお金の使い方を心がけてください。

◎自分磨きで好印象をゲットする

好印象を得るためには、「自分磨き」にもお金を惜しみなく使ってください。
自分磨きというのは、具体的にはファッション、靴、ヘアスタイルなど、自分が人からどう見えるかという点にお金を使うことが大事になります。

人が初対面の人を判断する方法は、第一印象しかないわけです。
フラットな状態、可もなく不可もなしという状態をゼロとすると、第一印象で30点をプラスして話を始める時と、マイナス50点からスタートする場合では、同じ話をしても相手の心に響く度合いが大きく違います。

「メラビアンの法則」というものがあります。これは、人は他人と話をする時、ほとんどの情報を視覚情報から得ていて、初対面の人を見た目や表情などの視覚情報で判断する割合が高いというのです。

つまり、同じことを言っても、誰が言ってるのかが重要ということです。

同じコンテンツについて人に話して、あるいは同じ夢に関するプランを人に話した時も、見た目の印象が良い人と悪い人では、相手への響き方に大きな差が生じます。

相手が本気になる度合いが違えば、当然、得られる結果も違ってきます。

「この人なら自分の友人を紹介しよう、私の人脈を紹介しよう」というふうに相手の心を動かす際にも、自分の見た目は大きく影響してきます。

たとえば誕生日のケーキでも、きれいにデコレーションされ、オシャレにラッピングされているケーキと、ポツンとケーキだけが置かれているのでは、うれしさの度合いが違います。これも見た目です。

女性であれば、普段着のスウェットを着ている時と、ドレスで着飾り、華やかなお化粧でパーティーに出る時では、まるで別人のように見えます。

夢を叶えるためには、このように外見磨きが大事なのです。

外見をいかに磨くか。これが重要になってきます。


自分磨きには、ほかにも内面の磨きもあります。自分の心の部分を磨くためにお金を使ってください。

また、仕事とはバランスが大事なので、仕事で頑張ったらその分リセットしないとモチベーションを上手に保つことができません。自分をちゃんとリラックスさせるため、趣味などにお金を使うことも大事です。


夢を叶えるお金の使い方とは、好印象を得るために使うこと。そのためには、自分磨きを惜しみなくし、人から自分がどう見えるかにお金を使っていきます。これがポイントとなります。

外見磨きには、お金を惜しみなく使ってください。

◎最初にお金をドカンと使うことのメリット

好印象を得るためにお金を使うということに関して、「この人はケチだな、チマチマしているな」と思われないよう、最初の段階でドカンと使ってインパクトを与え、相手に大きなプレッシャーをかけるという使い方があります。

私がクライアントからコンサルを依頼された場合も、「後藤さん、このメニューのプロデュースをよろしくお願いします」と、大きい金額をポンと振り込まれると、思わず背筋が伸びます。

そして、「こんなに信頼していただいたのなら、この人が求めているものの10倍くらいの価値を与えないといけないぞ。持てる力の１２０パーセントを使ってプロデュースしよう」と気合いが入ります。

初めにドカンと使われてしまうと、相手もプレッシャーを感じます。一方、少額のメニューを選び「これでお願いします」と言われた時は、それ程のプレッシャーは感じないはずです。もちろん少額メニューを軽視している訳ではありません。

お金の額というのは、プレッシャーの量と商品のクオリティーに大きく関係してきます。

短期間で夢を叶えてしまう人たちは、最初にお金をドカンと使うというプレッシャーのかけ方が非常に上手なのです。

私もこうしたプレッシャーをかけられ、その後、とても満足のいくプロデュースをしたことがあります。逆に、私の方からお金でプレッシャーをかけたこともあります。

私がプロデュースした人が、ある商品を販売していました。その商品の売れ行きがかなりよかったのです。どのように売れているのかチェックしてみると、あるデパートの有名なショップでも販売されていました。

どうしてそのショップで売ることができるのか、その人に直接聞いてみました。

すると、販促のプロモーションを仕掛けるキーパーソンに依頼しているとの返事でした。

その依頼のフィーは50万円だったそうです。

私も類似した商品を扱っていて、商品が有名なショップに並べば自分のブランドアップにつながるので、その人を紹介してもらいました。

連絡した時、プロモーションフィー（コスト、または費用）が50万円かかることは聞いていたので、振込口座を聞きました。どんな仕事ぶりか信用できるし、早く動いてもらいたいので、その人に会ったこともないのに、すぐ50万円を振り込んだのです。

後日、その人と初めて会った時、「会ったこともないのに50万円を振り込んできたので、どんな人が現れるか、今日は恐る恐る来ました」と言われました。

そして、言葉には出しませんでしたが、しっかりプロモーションをしないといけないというプレッシャーを感じていることが、私に伝わってきました。

その後、もちろんその商品が有名ショップに並びましたが、それ以外にもいろいろなサポートを提供してくました。

最初にドカンとお金を使ったことでインパクトを与え、その金額の何倍もの価値を提供してくれたのです。これも最初にドカンとお金を使ったことから得られた現実です。

次はナイトクラブを経営している女性から聞いた話です。

結構頻繁にお店に来てくれるけれど、毎回お勘定を気にしていて使うお金は少ないお客様。二か月に一回くらいしか来ないけど、来た時にはドカンと使ってくれるお客様。

店は、どちらのお客様を大切にするでしょうか。

上客として好待遇をするのは、後者の来る回数は少なくてもドカンと使うお客様の方だそうです。お店は、ドカンと使うお客様が来てくれる回数が増えるようなアプローチをするのです。

回数は多くても金額をあまり使わないお客様は、お店にとってあまりおいしいお客様ではないので、極論すれば、いなくなってもそれほど困らないお客様なのです。なので、あまり気合いの入った対応はしないそうです。良いか悪いかは別にしてこの様な考え方も夜の世界には、実際にあるのです。

これも、最初にお金をドカンと使って好印象を与えるという使い方の例です。

お金は好印象を得るために使う。そして、最初にドカンと使ってお金に対してきれいな印象を与える。しかも、人から自分がどう見えるか、自分磨きのために使う。これが大事なのです。

LESSON 4

最高の仲間を作るためにお金を使う、一流の魔法使いを雇う戦略

◎私の成功の秘訣は「一流の魔法使いたちを雇う戦略」にある

夢を叶えるためには、仲間が絶対に必要です。

人が一人でできることには限界があります。うまくいかない人、夢を叶えられないという人の多くは、全部を自分でやろうとしています。これは経営者でも同じです。

つまり、人に任せることができるだけの人間的な器がないということです。

なんでも自分でやらないと気がすまない人では、得られる結果には限度があります。

「1万時間の法則」というものがあり、何かの分野の専門家になるのには1万時間はかかると言われています。

1万時間ということは、一日8時間、毎日続けても3年半はかかります。ひとつの分野を極めるのには、これだけの年数が必要なのです。


しかも、ひとつの分野の専門的なスキルだけで、何かの夢を叶えるのに十分ではありません。

たとえば、集客のスキル、ビジネスモデル構築のスキル、商品製造のスキル、お客様からのクレームに対応するスキルなど、いろいろなスキルが集まって、ひとつの目標が達成でき、夢を叶えることができるわけです。

そうしたスキルをすべて自分で行おうとしていたら、人の一生が300年くらいないと足りないでしょう。


そう考えた時、何が大切になるでしょうか。

最短最速で夢を叶えるためには、「お金を使って、夢を叶えるための一流の魔法使いたちを束ねる」という戦略が重要になります。
つまり、お金で「夢実現のオールジャパン」を揃えるということです。

野球でもサッカーでも、海外のチームに勝つために「オールジャパン」の最強メンバーを揃えています。その結果、以前はまったくかなわなかった海外の強豪チームにも勝つことができるようになりました。

「オールジャパン」を揃えるのには当然、選手にはしかるべきフィーを払う必要もあるでしょう。

自分の夢を最短最速で叶えるためには、その達成に必要な各分野の一流の専門家、魔法使いを雇う戦略が不可欠です。

私は「世界一の男のプロデューサー」と呼ばれていて、本の出版を手がけ、ブランディングのプロデュースもしています。

現在の私は、ヘアサロンの経営、日焼けサロンの経営、アパート賃貸、出版プロデュース、ブランディングプロデュース、ビジネスプロデュースとコンサルティングなど、さまざまなビジネスを展開しています。

私の体は一つしかありませんし、私一人のスキルでこれらのビジネスをすべて行うことなどできるはずがありません。

それでは、私はどうしているのか。

私はお金を有効利用して、一流の魔法使いたちを雇う戦略を取っているわけです。

たとえば出版プロデュースでは、自分でももちろん企画書を作れますが、よりブラッシュアップされた企画書を作れる人をパートナーとしています。また、私より出版社との太いコネクションを持っている人を営業担当のパートナーとしています。

そして、私自身の役割は本を書いてもらう一流のダイヤモンドの原石を探し、テーマとなるメインコンテンツをさがすことになります。

こうしてそれぞれの専門的なスキルを集めて、出版プロデュースを行っています。

ひとつの商品を作る際には、一流を束ねる戦略が必要なのです。その結果、私の出版プロデュースの成功率は１００パーセントなのです。

ブランディングプロデュースでは、私の担当はメインコンセプトの構築、キャッチコピーの構築、ビジネスモデルの構築、全体の総合プロデュースになります。

しかし、そうしたものをサイトにきれいに配置したり、デザインしたりすることは私の専門分野ではありません。これらに関しては、やはり一流の魔法使いを雇っています。

あるいは集客に関しては、私が持っているスキル以外のスキルが必要であれば、一流の集客スキルを持った人を雇うわけです。

また、私自身を商品として売る場合は、私を売る専門家を雇います。後藤勇人を売る専門家を採用したり、後藤勇人を売る際の細かい事務作業を担当する専門家を採用したり、後藤勇人のパーソナルセクレタリー（秘書）を採用したりします。

こうして一流のメンバーを集めて、私自身という商品を売る夢を叶えるための戦略を取っているのです。

このように夢を叶えるためには最高の仲間を集めること、最高のチームを作るという戦略が重要になります。

◎マインドを一致させなければ、台無しになる

そして、ここで大切になってくるのが「マインドの一致」です。

「お金ありき」でチームを作ってしまうと成功しません。お金を稼ぎたいという目的で集まったチームでは、マインドはバラバラです。

初めにお金にフォーカスしてしまうと、うまくいかないことが多くあります。

私自身、これで非常に苦い経験を何度もしています。それで気付くことができました。

夢から生まれるお金、成功で得ることのできるお金は確かにありますが、その際にマインドの一致を無視してチームを作ると、そのチームはまず崩壊します。

必ず人としての理念が同じ、人としての考え方が一緒という一流のメンバーを集

めることが注意点としてあげられます。これは非常に大事です。

そして、魔法使いを集めたチームというのは、それぞれの専門分野に特化したメンバーが多いので、得てして人間的には少しクセのある人物もいたりします。

芸術家が個性的でクセがあるのと同じで、ひとつのジャンルに特化した人間というのは、すべてにパーフェクトというわけではありません。通信簿でいうと、ひとつは5であっても、他は2や3だったりします。

したがって、不得意な分野に関しては、他の人のフォローが必要になります。

その意味では、自分が指揮者のようにタクトを振り、しっかり潤滑油の役割となってください。これがチーム作りには非常に重要です。

夢実現や成功をパズルにたとえると、まずパズルの完成図を自分の中で考えます。

そして、そのパズルを完成するために必要なピースは何か、つまり、どんな魔法使いが必要なのかを考えます。

もちろん、自分も必要なピースの一つとなります。

こうしてパズルを組み立てていく作業を進めていきます。

夢を叶えるためのキーパーソンであるあなたが、夢の全体像をしっかり描いて、その夢を叶えるためにどんなピースが必要なのかを描いていくのです。

これが、夢を叶えるためのチーム作りのベースとなります。

◎一流のメンバーは一流のメンバーを知っている

夢を叶えるためのチーム作り戦略の流れは、
①夢実現のためのパズルの完成図を自分で作る。
②その完成に必要な一流の魔法使いを集めて束ねる。あなたが利益のタクトをしっかり振る。
③あなたが潤滑油となり、各自のマインドの違いをしっかり一致させる。
こうした流れを、ぜひ活用してください。

それでは、一流の魔法使いをどうやって集めるのかが、問題になってくるでしょう。

実は、一流の人は一流の人とつながっているのです。これは世界一の男の教えでもあります。そこで、夢実現に必要な、まず一つのピース、一流の魔法使いを見つけることです。

そして、その一流の人に「こんなことをしたいのですが、いい人を知りませんか？」と聞いていくと、芋づる式にどんどん一流のメンバーが揃っていきます。

たとえば、政治家と芸能人がつながっていたり、ベストセラーを出しているビジネスの著者がみんなつながっていたりするのと同じように、ビジネスでもトップの数パーセントのメンバーは皆さん、つながっているのです。

したがって、最初の一人を見つけることができれば、そこからの紹介で、どんどん一流のメンバーを集めることができます。

一流のメンバーは一流のメンバーを知る。このポイントを押さえておけば、必ず一流のメンバーを集めることができます。

LESSON 5

チーム結束のために使う、最高のコラボチームの作り方

◎モチベーションアップにお金を使う方法

夢実現にはチーム作りが大事という話をしましたが、それでは、良いチームはどうやって作るのでしょうか。

夢を実現しようと思っても、一人でできることには限界があります。そこで、多くのメンバーを集めて、「夢実現のプロジェクトチーム」を作る必要があります。

その際に覚えておいてほしいのは、「チームの質が夢の質になる」ということです。つまり、良いチームはチームの中の雰囲気もよく、チームの理念も高くなって

います。

では、どんなチームが悪いチームなのか。それは、お金だけでつながっているチームです。お金だけでつながっているチームは決してうまくいきません。

お金が最優先になっているチームは、何か問題が起こるとすぐに壊れ、空中分解してしまいます。

チームに理念があり、人間関係が良好なチームでは、問題が発生してもお互いに助け合うことができます。

私は実店舗も経営しているので、日ごろからそのことを実感しています。

お客様が多く、お店がうまくいっている時は、どんなチームでもそれほど大きな問題は起こりません。しかし、お店が苦境に立たされた時には、チームの雰囲気やチームの質によって、その苦境を乗り越えられるかが決まってきます。

それでは、どうしたら質の良いチーム、結束の強いチームを作ることができるのか。

そのポイントは、チームのモチベーションアップのためにお金を使うことです。たとえば会社なら、社員のためにお金を使います。お金をもらえれば、社員はもちろん喜びます。あるいは、福利厚生の一環として、社員同士の飲み会の費用を会社から出し、社員旅行の費用を負担することです。

私は24歳でヘアサロンの経営を始めましたが、それから10年間、毎年社員旅行は海外に行っていました。私はマリンスポーツが好きだったので、ハワイ、グアム、サイパンなどによく行っていました。

当時はヘアサロンスタッフが8人くらいいましたが、全体では23人ほどいました。旅費から食事代まで費用はすべて会社持ち。サロンスタッフは自分の小遣いを持っていくだけでOKです。そんな大判振る舞いができる店舗作りをしていました。

それには理由があります。私たちの仕事は土日も営業するので、友だちと一緒に旅行に行くのがなかなか難しい職業なのです。

若いスタッフが、友だちと旅行に行くという楽しみを味わいにくいことを気の毒だと思い、「それでは私が連れて行ってやろう」と考えたのです。その代わり、お店ではしっかり働いてくれというチーム作りをしていたのです。

さて、その結果は？　ものすごく売り上げがよくなりました。

社員旅行によって、仕事以外のパーソナルな部分で深い人間関係ができると、チームの結束もよくなり、何かトラブルが発生しても問題に立ち向かう力も強くなります。

このように良いチーム、モチベーションの高いチームを作るためには、いろいろな種類の場を構築してあげることが必要です。

旅行や飲み会、あるいはメンバーの誕生日を祝ってあげます。些細なことであっても、祝ってもらった側にすれば、とてもうれしいものです。

一人ひとりのメンバーの喜びにフォーカスしたお金の使い方、チームのメンバーにフォーカスしたお金の使い方をしていると、お互いに助け合う仲間意識が構築されていきます。

つまりこれは、お金をいろいろな場面に変化させるということです。

社員のモチベーションをあげるための旅行、チームメンバーの誕生日のプレゼント、あるいはちょっとした記念日の設定、これらはすべてお金から生まれています。

お金が旅行に変わったり、お金が誕生日の喜びに変わったりすることで、それが今度は社員やチームのモチベーションに変化するわけです。

お金が社員の喜びに変わる。その社員の喜びがチームの喜びに変わる。チームの喜び、チームの能力アップ、チームのモチベーションアップに変わるのです。

そして、最終的には夢を実現するためのスキル、スピードアップ、総合力に変わります。

このようにお金が三段階に変わるのです。

こうした観点でお金をチームの結束のために使うという考え方が大切になります。

◎ゴールを映像化して見せることで、マインドの一致を図る

良いチームを作るために、もう一つ必要なことがあります。

それは「共通したゴールを見る、共通したゴールを目指す」ということです。これも大事です。

そして、共通したゴールを目指すためには、マインドの一致も重要です。

マインドの一致を図るには、常に共通したゴールを見ることがポイントになります。

同じ環境に置かれた人は、同じ思考を持つようになります。そして、同じ目的地を目指している人たちは、同じマインドを持つようになります。

そこで大事になるのは、ことあるごとにゴールを映像化して見せてあげる作業を行うことです。

いま、何のために行動しているのか。何を得るためにいま私たちはここにいるの

か。それらを常に確認する作業をします。

車のナビゲーションは道を間違えても、すぐに目的地にたどり着くための新しいルートを見つけて教えてくれます。

ゴールを目指すチームも右に行ったり、左に行ったりと迷走する時もあります。

そんな時に道に迷わないように、ことあるごとに必ずゴールを共有化しておくのです。

それによりチームの中のマインドが一致し、夢実現が加速するのです。

LESSON 6

時間短縮のために使う、お金をタイムマシンだと考える

◎夢実現には時間短縮の発想が必要不可欠

人生の時間は有限です。

しかも、高いモチベーションを発揮して、自分が夢を叶える時間や目標を達成するのに使える時間は、人生の中でもごく限られています。

もし、百年生きることができたとしても、百年全部が使えるわけではありません。本当に短い時間です。

夢実現は、その限られた時間の中でやりくりする必要があります。

そこで、大事になるのが「スピードの概念」です。つまり、「時間の概念」です。ものごとを達成する時に、スピードは非常に大切なテーマとなります。

ひとつのことに取り組んだとき、高いモチベーションで取り組める時間はそれほど長くありません。

たとえば、私のコンサルのクライアントでも、あることをやってくださいと私がアドバイスした時、そのことをダラダラと時間をかけてやっている人は、だいたいその人が思い描いている夢を手に入れることはできません。

低いモチベーションで長い時間をかけるようでは、理想的な状態を手に入れることはできません。高いモチベーションで、短期間で結果を手に入れる必要があるのです。

つまり、時間を短縮するという概念が非常に重要です。

その時に忘れてはならないのが、「お金は時間を買う道具だ」という発想です。

現実問題として、この世の中にあるほとんどのものはお金で買うことができます。

お金で買うことができないのは、心の部分にかかわるものくらいです。

お金で買うことができるものは非常に多いのです。だからこそ、お金でいろいろなものを買って時間を短縮していくという発想が大事になるのです。

◎「お金をタイムマシンと考えること」の意味

もうひとつ、「お金をタイムマシンと考えること」も大切です。

多くの人は、物事をなし遂げるにはとても時間がかかると思いがちですが、お金はタイムマシンという発想を取り入れることで、多くのことが短時間で可能になります。

たとえば、自分のファッションセンスに自信のない人がオシャレな自分になるには、ファッション関係の学校に通い、雑誌を読んで勉強しなければならず、かなり長い時間が必要になってしまいます。

それでは、ファッションコーディネーターをお金で雇うという発想に変えれば、どうでしょうか。

わざわざ長い時間をかけてファッションの勉強をしなくても、ファッションコーディネーターに同行してもらってショッピングをすれば、その場からファッショナブルな自分が現れるわけです。

つまり、時間をかけて学ぶのではなく、お金で専門家を買って時間を短縮するという、お金をタイムマシンだと考えることができます。


自分のブランディングをサポートするサイトを作る際に、自分でワードプレスを勉強して素人が作りましたというサイトを公開する人がいます。

その一方で、サイト作りの専門家にお金を払って依頼し、短期間で見栄えのよい、効果的なサイトに仕上げる人もいます。

自分でゼロからサイトを作るために、本を買って勉強したり、セミナーに参加したりして、それから自分でサイトを作る場合と初めから専門家に依頼した場合を比べると、夢を叶えるのに必要な時間は大きな差があります。

素人が作ったサイトだと、それを見た人に響くものも少ないでしょう。その結果、そのサイトから得られるメリットも少なくなります。

専門家にサイトを作ってもらえば、あっという間に自分が理想とするサイトが出来上がります。

その結果、自分がターゲットとするクライアントに短時間に訴求することができ、相手の心を動かすことができます。自分の売りたい商品やサービスが売れて、望んでいる現実を手に入れることが可能になります。

実は、メディアへの露出も時間をお金で買うという発想も可能なのです。

テレビやラジオ、雑誌などメディアへの露出は非常に大きなインパクトを持っています。こうしたメディアも、ある意味、お金で買うことができます。

メディア露出に関わるキーパーソンにお金を払って、そのメディアプロモーションスキルを買うことで、あっという間に全国区の存在になることもできるのです。

その発想を持たずに、コツコツとやって全国区になろうと思ったら、何十年かかるかわかりません。しかも、何十年かかっても実現できる保証はありません。その夢は実現しないことのほうが多いでしょう。

お金で時間を買うことは、最短最速で自分の求めている結果を得ることが可能になるのです。

第2章

相手に不安を感じさせないお金の見せ方

——賢いお金の見せ方

LESSON 7

お金に関して美しく見せる、ギラツキは焦りを見せ、醜く見せてしまう

◎人から「お金にキレイな人だ」と思ってもらう

お金はあらゆるものをあぶり出す望遠鏡のような存在と考えることができます。そのため、お金を通して、その人の背景がすべて見えてしまいます。

たとえば、お金に困っている人、お金に焦っている人は、それが顔に出ます。お金に追われている人も同様です。これは皆さんも、きっと経験したことがあるでしょう。

私がコンサルをする場合も、瞬間的にわかります。

「この人は今、お金がうまくまわっているな」という人と「この人はお金に困っているな」という人は、顔を見ればだいたいだい判断できます。

そして、お金に困っている人には、お金に関する結論を急ぐという特徴があります。

「早くお金にしなければいけない」という思いが、どうしても行動や言葉、表情に出るのです。なるべく早くお金の話に持っていきたいという雰囲気があります。

したがって、あなたが相手からどう見られるか、逆の立場になった時に気をつける必要があります。もし、あなたがお金に関する結論を急ぐと、「この人はお金に困っているのでは、焦っているのでは」と見せてしまいます。

夢を実現する、夢を叶えるためには、相手に対してお金にキレイだと見せることが大事です。

私のこれまでのビジネスにおける経験値からいうと、うまくいってない人はお金の結論を焦ることと、お金に対するギラッキ感があります。

常にお金にフォーカスしていてお金が欲しいと思っていると、どうしてもギラギラした感じを相手に与えてしまいます。

お金に対するギラッキ感があると、「この人はお金に汚い人だな、お金に関しては要注意人物だな」と思われてしまい、まわりから人が去って行きます。

お金についてしっかりした考えを持っていながらも、あまりがっついたところを見せない。これが秘訣です。

◎お金はお金からしか生まれない

また、賢いお金の見せ方に関してポイントがあります。

自分の夢を叶えるため、何か商品やサービスを買ったり、セミナーに参加したりといろいろなお金の使い方があります。そうした際にはきれいな気持ちでお金を使い、お金に未練を持たないように心がけてください。

せっかく自分が苦労して得たお金なのだから、本当は手放すのが嫌だ……なかにはそんな気持ちの人もいます。こんな気持ちでお金を使うと、それが相手にも伝わります。

お金を使う時には、お金を気持ちよく送り出してあげてください。

お金は使うと、必ず自分に戻ってきます。つまり、お金は回っているのです。この原理を知っていれば、お金を手放す時も惜しくなくなり、気持ちよく手放すことができます。

反対に、お金が戻ってくることを知らないと、なかなかお金を手放せないのです。お金を手放せないとお金を払う時にきれいに払えず、できれば払う時期を遅らせたいという気持ちが出てきます。

私は「お金払いがいい」と、よく皆さんから言われています。それは、払うべきものはなるべく早く払うようにしているからです。

誰でも、仕事をしたのであれば早くお金をもらいたいでしょう。支払いを延ばされるのは嫌な気持ちになります。こちらの要求した結果が出た時点で私は速やかに支払うようにしています。

このような行動を取れば、相手も「この人はお金に対してギラついていないな、お金をキレイに払える人だな」となり、また一緒に仕事にしたいなという気持ちも生まれるわけです。

こうした心がけがとても大切なのです。

結論をいいますと、お金はお金からしか生まれません。つまり、自分がお金を使った分だけ、あるいはそれ以上の数倍、またお金が生まれます。

私は24歳の時に1000万をかけて自分のヘアサロンを作りました。その結果、32歳では年収2000万円、グループ4店舗、一億円の自社ビルを建設することもできました。

最初の１０００万円を使ったことで、その後のお金が生まれたのです。

そして、横内塾でも50万円を使ってビデオ撮影したことにより、「世界一の男のプロデューサー」になることができ、「世界一マインドの伝承者・後藤勇人」というポジションを得ました。

セミナーや講座、本の出版によって、私は最初の投資の数倍以上のお金を得ています。

また、メディア関係の人との人間関係の構築にもお金を使いました。食事に招待したり、お酒を飲んだり、あるいは招待されたりという経験の中でつながりが深まりました。

おかげで、「この雑誌の特集なら、後藤さんがピッタリだ」という紹介を受けて、インタビュー記事が掲載されたこともあります。

そして、その記事を見た別の雑誌から取材依頼が来たりしました。記事を読んだ方から企業研修の依頼をいただいたこともあります。

これもすべて、「お金でしかお金は生まれない」という発想に基づいて行動した結果なのです。

◎気持ちよくお金が使えるようになる秘訣

まとめると、相手に不安を感じさせないお金の見せ方とは、お金をあまり過度に使い渋らないこと。ギラついた感を見せないためには、お金がまだかまだかという姿勢を見せないことになります。

そのような状態を作るには「急がば回れ」の精神を持つことが大切なのです。

お金へのギラギラ感を見せてしまうと、相手に潜在意識レベルでこの人はお金に汚いな、この人と組みたくないないなという気持ちを持たせてしまいます。

これでは、せっかく良い人脈を作ることができても、自然に離れて行ってしまいます。

良い人脈が離れていくと当然、夢実現のスピードも遅くなるわけです。その点からも、お金の使い方をきれいに見せることを心がけてください。

そして、お金を使う時に、きれいな気持ちで使ってあげることも大事です。

お金は人に渡ることで、受け取った人が潤います。その潤った人がまた、何か商品やサービスを買い、どんどん循環していきます。

自分が手放したお金が世の中に役立つのであれば、気持ちよくお金を使えると思います。

反対に、お金を使うと自分が損をするという発想でお金を使うと、お金に対して未練が生まれ、なにごともうまくいかなくなります。

自分が手放したお金によって世の中の人が幸せになる。この発想ができれば、お金を気持ちよく使うことができるでしょう。

お金は天下の回りものと言われていますが、最終的にはあなたが使ったお金は回り回って必ず自分に帰ってきます。

この原理を、成功している人は理解しています。

皆さんも、お金を使えばお金が返ってくるということを理解して下さい。そして、お金を賢く使うことで、あとから成功や夢実現がついてくるという発想を身につけて下さい。

成功している人だけが知っているこの発想を身につければ、「最短最速の夢実現」に近づくことができます。

LESSON 8

お金をあるように見せる、ない時でもそれを見せない美学

◎お金に苦しい時ほど優雅に振る舞う

お金がなさそうで、貧相な顔をしている人……。

そう言われると、どんな顔かなんとなくイメージできると思います。

では、そんな人と一緒に仕事して、付き合いを深めたいと思いますか？

もちろん、金運の悪そうな人と付き合おうとは思わないでしょう。

しかし、人生においてお金に困るという経験なしに過ごすことはなかなかできません。

景気が悪い時期、自分のビジネスがうまくいかない時、商品が売れなかった時期、サービスが頭打ちになってしまう時期は、ビジネスをやっていると定期的に訪れます。

私にもそういう時期がありました。

そんな時こそ、お金に苦しい時ほど、優雅に振る舞うことです。

武士は食わねど高楊枝の精神です。

ものごとはすべてイメージが先行します。お金がない、困ったというイメージを持ってしまうと、お金に困っているという自分自身が表に出てしまうのです。

反対に、たとえお金がなくても歯を食いしばり、お金があるように自分を優雅に振る舞うと、どうなるでしょう。

現実とは心の投影です。なので、たとえお金がなくても、お金が入ってきた時のように優雅な気分でいると、不思議なことに本当にお金が入ってくるのです。

厳しい時ほど笑いなさいとよく言われます。

同じように、苦しい時ほど笑って幸せそうにしていると、心の中に撒いた幸せのタネが、幸せという現実を呼び込んでくれます。

言葉が未来を作る、表情が未来を作るとも言われます。

怒ったような顔ばかりしていると、怒りたくなるような現実がやって来ます。

幸せそうな顔の人は、幸せな現実を引き寄せます。

心の中で思ったことが顔に現れます。顔に現れたものが、現実を引き寄せるのです。


お金がないからと言ってマイナスな顔をしていると、マイナスな波動を引き寄せて、マイナスの結果を呼び込んでしまいます。

お金がない時でもできるだけ優雅な顔をして、優雅な振る舞いをしていれば、プラスの波動はプラスの結果を呼び込んでくれます。

お金がない時に貧相な顔をしていると、まわりの人は自然と引いていってしまいます。お金がない時でもお金があるように振る舞うのはとても大事なことです。

◎お金がない時は、投資と消費にフォーカスしてお金を使う

お金は有限です。お金がない時こそ、お金の使い方にはクレバーになり、無駄を省き、本当に自分の必要なところにしっかり使うことが重要になります。

私自身もそうですが、自分の生活をよく振り返ってみると、結構無駄が多いものです。

そこで何かにお金を使う時、「これは本当に自分に必要なのか」を三回、自分に問いてみるのもいいでしょう。

そこで、お金には三つの側面があることを知っておいてください。

「投資」「消費」「浪費」、この三つの側面がお金にはあります。これは、私のプロデュースのクライアントであるファイナンシャルプランナーの方もおっしゃっています。

投資とは、未来に何かを生むためにお金を使うことです。

消費とは、生きるためにお金を使うことです。

浪費とは、無駄なものにお金を使うことです。


この視点から言うと、お金がない時には投資と消費にフォーカスしてお金を使う必要があります。浪費に使ってはいけません。

浪費には使わず、無駄を省けば、お金がなくてもお金があるような気になりますし、お金があるように使うこともできます。

お金がない時には、このようなお金の使い方を見直してみて下さい。

LESSON 9

お金で賢さを見せる、場の空気を読む使い方

◎頭の良いお金の使い方と、頭の良くないお金の使い方

お金の使い方にも、頭の良い使い方とあまり頭の良くない使い方があります。

少し前の流行語で言えば、KYなお金の使い方は嫌われます。KYなお金の使い方とは、たとえば、その場の空気を読めない使い方のことを言います。

あなたが三人で食事をしたとします。

そのうち一人が年長者で、その人が食事代をすべて出して自分のメンツを保とうと考えています。それなのに、強引に「私が払います」と言い張り、自分で払って

しまうのは嫌われる使い方です。

もちろん、「私も払いますよ」というポーズを見せることは大事ですが、「ここは私が払いますよ」と年長者が言った時に、「それでも」と押し問答するのは、頭が悪い使い方と言わざるを得ません。

あるいは、明らかにワリカンで払うべき場面で、「私が払います」と我を通して全額払おうとする。これもあまり頭の良いお金の使い方ではありません。

では、お金の使い方の良し悪しを、どう判断すればいいのか。

それは、他者目線で判断すれば、簡単にわかります。

たとえば、グループで食事をし、みんなでワリカンをすればいいのに、Aさんだけはどうして全部を払おうとするのかな。ちょっと生意気じゃない……。

自分の行動としてはわからないことでも、他者の目線で客観的に人の行動に置き換えて判断すれば、わかることもあります。

一方、賢いお金の使い方とは、お金を使わなければいけない場面ではしっかり使うことです。

たとえば、自分がメンバーを集めたミーティング、その第一回目のミーティングで、しかも少人数であれば、自分が全額払ったほうが場の空気もよくなるでしょう。

そうした時には、バーンとお金を使うべきです。

この時に大事になるのが「財布の中のお金に名札をつけない」という発想です。

これは、財布の中のお金を、このお金は何に使って、こちらは何に使うというように、使う目的をあらかじめ決めてしまわないことです。

いちばん効果のある場面で、気前よく使うという発想をしてください。

たとえば、これから自分の夢を叶えてもらうメンバーとして、後輩を二人誘った時であれば、二人に気持ちよく飲んでもらうためにごちそうして、パッとお金を使う。

そうした使い方をすれば「おごってもらったのだから、この人のために一生懸命やろう」「ごちそうになったから、次に何か依頼があれば頑張ろう」という気持ちになるはずです。

このようにインパクトを考えて使うのが賢いお金の使い方です。

◎お金で場の空気を買う方法

もうひとつ、場の華やかさにお金を使うのも、賢い使い方になります。

これは、「お金で場の空気を買う」ということです。


新しいプロジェクトを始めるにあたり、二人の若手のスキルが必要だとします。

その時に、Ａさんは、二人を料理全品３００円の安くて店内もガヤガヤしている居酒屋に連れいき、「今日はおごってやった」というポーズを取りました。

Ｂさんは、今後お世話になる二人に気持ちよく飲んでもらおうと、少しハイクオリティーな居酒屋、個室で料理もおいしい、創作和食が売り物の店でもてなしました。


さて、ＡさんとＢさんで、二人に与える印象はどうでしょうか。

その後のことを考えれば、Bさんのほうが賢いお金の使い方をしたと言えるでしょう。

さらに言えば、ホテルのラウンジやレストランに招待した時には、その場が醸し出す雰囲気を利用できて、自分のステージも上がって見えます。場があなたのステージを上げるわけです。

このように場の空気、場の華やかさを買うためにお金を使うことも大事です。


私は、『なぜ「女性起業」は男の10倍成功するのか』（ぱる出版）を出版した時に出版記念パーティーを開きました。

その本では、本の中に登場して頂いた9人の成功している女性起業家を紹介していて、パーティーではその9人にもステージに上がってもらうことにしました。

そこで、私はパーティー会場に教会を選んだのです。

教会は女性があこがれる場所です。結婚式という自分の夢を叶える場所でもあります。

そんな教会でのパーティーということで9人もすごく喜びますし、ほかの女性のパーティーの参加者も喜びます。

私が、普通のレストランやセミナールームを使ってパーティーを安くあげようとせずに教会を借りたのは、場の華やかさにお金を投入したのです。それにより、私の女性ビジネスプロデュースのステージが確実に上がるわけです。

私は場の使い方を意識したお金の使い方をしたのです。

お金を賢く使うには、空気を読む使い方をする必要があります。そして、相手に良いインパクトを与える使い方が賢い使い方となります。

場の力を借りるためにもお金を使って下さい。

安い居酒屋で飲む時とホテルのバーで飲む時、両者の持つ場のエネルギーは違います。当然、そこに集まっている人も違います。

その違いを理解して、賢いお金の使い方を身につけて下さい。

LESSON 10

お金で自分を美味しく見せる、美味しい「果実」と思われよう

◎自分を美味しく見せて、未来のお金の可能性を示す

夢を叶えるためには、絶対に人の協力が必要です。
ただし、人は基本的に、自分にメリットがないとなかなか動かない動物でもあります。

人は快楽を求めて、痛みを避ける動物とも言われています。
快楽とは何か。快楽とは気持ちよくなれることですから、ビジネスシーン、現実社会で考えれば、それは自分に利益が得られるということになります。

したがって、相手が自分という商品を「美味しそうだな、おいしい果実だな」と思わないと、人は動いてくれないわけです。

それでは、自分を美味しそうに見せるため、お金でどのようにすればいいのでしょうか。

それは、「将来のお金の可能性をサラリと見せる」ことが大事になります。

たとえば、誰かと仕事でコラボレーションしたり、取引したりする時でも、「この人と組んだらお客様がたくさん入りそうだな」とか「この会社と取引したら儲かりそうだな」と思えば、人は協力したくなります。

人から協力を得るには、相手に、自分という人間には大きな可能性が秘められていること、そして「私と組むことであなたはこんな未来が得られますよ」ということを見せる必要があります。

それも大げさにではなく、サラリと見せるのです。

自分が行動することで、どんな未来が得られるのかを判断して人は動きます。したがって、相手が得られる未来を見せてあげることが重要になります。

相手が得られる未来を見せることと同時に、もうひとつ大事なのが、相手が得られるだろうお金の可能性を見せてあげることです。

「なんとなくよさそう」という話を見せても、まだ具体的ではありません。

どうすれば、具体的になるのでしょうか。

ビジネスにおいて物事の判断基準は、最終的にはしっかり売上げがあがるか、儲けにつながるのかが、世界共通のバロメーターになります。つまり、相手が得られるだろうお金の可能性をしっかり見せてあげる。これがポイントです。

自分と組むと、あなたはこんな未来が得られます。そして、こんな未来を得られることで、こんなにお金を得られる可能性があります。

これを見せてあげるのです。

◎過去の事例と人脈がポイントになる

美味しい果実に見えるということは、自分の魅力を証明する事例と人脈を見せることも大事になります。

「自分が相手にとっていかに必要な人間か」「自分とコラボレーションすると、あなたがいかに得するか」を見せるのですが、その際にポイントとなるのが、自分が実際にやって来た事例です。自分が価値ある人間であることを証明する事例です。

これを相手にしっかり見せてあげます。

同時に、自分が今付き合っている人脈を見せることも大事になります。

芸能人や著名人とよく写真を撮りたがる人がいます。あれは、自分が著名人と一緒に写真を撮るに値するステージの人間だ、このような人たちが一緒に写真を撮るに値する価値のある人間だと思われたいので、写真を撮るのです。

つまり、自分のまわりの人脈を見せることは、相手に「こんなすごい人と付き合っているんだ」「こんな素晴らしい人がこの人の人脈にはいるんだ」と思わせることになり、相手は「この人はそれだけの価値ある人間だな」と判断するわけです。

私は最近、ある会社とコラボレーションしました。

その会社は、私のエージェント業務を担当したいと依頼してきました。具体的には、私のセミナーや講演をその会社が売り出したいと提案してきたのです。

そこで、その会社に今までのクライアント名を教えてほしいと頼みました。これは、今まで実際にどんな人脈をサポートしてきたのかを確認したのです。

クライアントの名前を見たら、ビッグネームがいろいろと並んでいました。それを見て、私は「ここは安心できる会社だな。こんな人たちがコラボレーションするしっかりした会社だな」という信用感を持つことができました。

私はその会社とコラボレーションすることを決めました。つまり、相手の人脈からその会社の価値を判断したわけです。

相手からすれば、自分がどんな人脈を持っているか、どんなクライアントを持っているかを見せるということは、自分の信用度につながります。つまり、美味しい果実だと思われるということが大事なのです。

「相手が得られるお金の可能性を見せる」とは、今まで自分と組んだ人が得たお金の事例を見せることでもあります。

これまでの実績を見せることで、それを証明するわけです。

あるいは、「自分と組めば将来こんな可能性があります」ということを、より具体的に映像で見せるのもいいでしょう。

たとえば私のクライアントですが、私が担当したプロデュース期間が終了した後も、その人にはいろいろなキーパーソンを紹介しました。そのクライアントは、その人たちとのコラボでかなりのお金とワンランク上のステージを得ています。

その実績と将来の可能性を、私は見せることができます。

また、私は合宿セミナーをよく開催しています。自分で言うのもなんですが、私はプロデュース能力には長けていると思っています。

そうした合宿セミナーに講師としてお呼びした方は、自分の担当の時間に自分の専門分野の話をして、その分のフィーを得ることができます。

つまり、私と組むことで面倒なプロデュース活動を自分がする必要はなく、自分の得意分野の講演のみでしっかりお金を確保することができるわけです。

私はこうしたメリットを、お呼びする講師の方に見せることができるわけです。

誰か新しい人とコラボする時も、プロデュース全般は私が担当する場合が多いので、時間に来ていただき参加者の前で話をするだけで大丈夫ですよとアピールできます。こういうメリットが得られますよと具体的に見せるわけです。

合宿セミナーとは、これから成功したい人、これから起業したい人、これから本を出版したい人向けに、さまざまな分野の専門家を招いて行う、成功をサポートするための合宿です。

年に一、二回開催しています。一泊二日で、だいたいは箱根で開催しています。学びの場と箱根神社への参拝を組み合わせ、学びと遊びを融合させた、大人の遠足的なセミナーとなっています。

講師には、ビジネス書を出している著者の方などお呼びしたりしています。

また、私のクライアント兼スタッフに、カナダ生まれの甲斐ナオミさんという英語の先生がいます。

ビジネスは次々とグローバル化しています。外国人とのコラボレーションも必要になってきます。

甲斐さんは英語の通訳やＮＨＫ番組の翻訳、カーナビの英語音声、鉄道会社のパンフレット翻訳、英語のレッスン、外国人向け企業マニュアルの作成会話指導など、英語に関することはなんでもできます。

そこで私は、甲斐さんをチームに加えましょうかと提案することが、しばしばあります。

これは、外国人のお客様が来ても、甲斐さんを加えることで別に通訳を雇う必要もなく、すべて大丈夫といううま味を見せることができるからです。

これも、自分の美味しさを見せるということにつながります。

LESSON 11

自分を成長のある投資先と見せる、将来「蝶」になる可能性の示唆

◎「共感」がなければ、何も始まらない

ビジネスで成功しているキーパーソンは、常に美味しいコラボ先、投資先を探しているものです。なぜなら、そうした人たちには「お金を働かせる」という概念があるからです。

自分のビジネスだけでなく、お金を投資することで、お金がお金を生み出す優良なビジネスのコラボ先や投資先を見つけているのです。

そうした時に、あなたが「自分は成長性のある、これから伸びていく投資先だ」

と見せることができれば、コラボレーション先として認知されたり、投資先として選ばれたりする存在となるわけです。

その際に大事なことをお話します。

お金の投資先になるには、可能性のあるビジネスモデルと見せることも、もちろん大事ですが、それ以前に忘れてならないことがあります。

それは「共感」です。この「共感」がとても重要なキーワードになります。

お金の投資先としてあなたを見る場合、相手は共感できるかどうかに大きな比重をおいて、あなたを見ています。

そこで、あなたがまずやらなければならないことは、自己開示して相手の共感を得ることです。

自己開示とは、今の自分を正直に「私はこんな人間です。こんな考え方で現在、こういうビジネスをしています」と伝えることです。

そうすることで、相手は「この人は正直な人だ。私がお金を投資しても、あるいはコラボレーションしても損しないだろう」という感情を持つわけです。

その後であなたに求められるのは、自分が上がってきたステップを見せることです。あなたが現在5の場所にいるのなら、0から1、2、3、4、5と階段をしっかり上がってきたこと。自分は努力して、ちゃんとしたステップを踏んできた人間であること。自分が一歩一歩階段を上がってきたことなど、自分の過去の行動を見せ、自分が成功する可能性が高い人間であることを見せるのです。

そのステップを見せた後に、自分の可能性をやんわりと語ります。やんわりです。あまりにも自分はすごいという自分本位の売り込みは、意外に嫌われます。かといって、何も言わないと相手には伝わりません。

そこで、やんわりと自分という人間の可能性を、相手がいやらしさを感じない程度に語っていきます。

それにプラスして、先ほどお話した自分のこれまでの実績も見せていきます。

自分が投資先として魅力がある理由も、そこでしっかり説明します。

たとえば、今、スピリチュアルなビジネスが注目されつつあります。
もし、スピリチュアルビジネスを展開するにあたって融資を受けたいのであれば、私ならこんなプレゼンをします。

「アメリカは日本より3年くらい、ビジネスのトレンドが先行しています。そのアメリカでは今、スピリチュアル起業が流行っています。成功している多くの社長やキーパーソンも瞑想を取り入れています。日本でもそうしたスピリチュアルなマーケットはどんどん広がってきます。それを見越して、私はこれからスピリチュアルなビジネスを始めるのです」

こうした話を相手にするのです。

すると、アメリカに続いて日本でもスピリチュアルビジネスが流行るな、投資先として魅力があるかもしれないと、相手が思うわけです。

このように、しっかり理由を説明してあげることが大事です。

そして、大きな影響力を持った人が、すでに自分のコラボ先にはいることを見せることも大事になります。

「実は、すでにこの人とコラボしています。この会社と取引してます」ということを見せてあげると、相手は「社会的に信用のある人や会社が認めているんだ。だったら自分も投資してみよう」となります。

この見せ方も重要なポイントになります。

たとえば、パンの販売をしていて、その販路を広げたいと思っているとします。すでにリッツカールトンやパークハイアットなど一流のホテルにパンを卸している実績があり、それを相手に見せることができれば、相手は必ずあなたを投資先として選ぶことでしょう。

魅力ある投資先として見せるには、実際の取引先を見せることも大切です。

アロマオイルを扱ってるＭａｋｏ・ウィルトンさんが、わざわざアメリカのアリゾナから私の個人セッションを受けに来てくれました。

彼女は純粋に個人セッションを受けに来てくれたのですが、話の流れの中で私のクライアントにスピリチャアルなセンスに敏感な女性が多いことを知りました。

実は彼女の扱っているオイルは、すべてのスピリチャアルリーダーが最後に行き着くアロマオイルと言われていて、純度やクオリティー、ポテンシャルなど世界最高峰の品質を誇っています。

そこで未来の可能性を感じた彼女は、オイルをセッション中に体験させてくれました。

私もそのオイルの持つ、モチベーションアップやエネルギーチャージ力、心に安らぎを与えるリラックス感、ヘルシー志向に興味を覚えました。

そして、私のクライアントにも役立つのではないかと思い、その後、クライアントや友人のスピリチャアルリーダーに彼女を紹介し、とても喜ばれました。

彼女たちは早速、セッションにこのオイルを取り入れていますし、私自身もモチベーションアップやリラックスに使っています。

これは、私が話の中で偶然、未来の可能性を見せたことにより生まれたひとつのリレーションシップです。

このように未来の可能性は、新たなコラボレーションやリレーションシップを生み出すのです。このアロマオイルに興味のある方は、書籍最後に掲載してるメールアドレスからお問い合わせください。

◎さなぎの自分が蝶になった時の可能性を見せる

もうひとつ大事なのが、「今はまだ幼虫やさなぎの段階だけど、私が蝶になった時には、あなたにはこんなメリットがありますよ」と、しっかり見せてあげることです。

自分が蝶になった時に起こる可能性を列記してあげるのです。これも相手を動かす原動力になります。

先ほど紹介したスピリチュアルなビジネスでいえば、スタート時点はこんな状態だけど、これからお話するステップを踏んでこの段階にくれば、こんなことが起こりますと、相手に映像として見える形でしっかり説明してあげます。これも非常に大事です。

自分がさなぎから蝶になった時に、どんなことが起こるか。
それをいくつかの事例をあげて見せます。自分が蝶になった時にはこういうビジネスが発生する。こんな人脈ができる。こういうステージに上がれる……。

その時に大事なのは、あなたが私と組んでいれば、こういうビジネスが展開できるというように具体的に説明し、相手が今、自分に投資しておくことで将来的に得られる果実をはっきり見せてあげます。
「今のうちに私と組んでおかないと、蝶になってからでは私と組めませんよ」と危機感も少しあおることもポイントになります。

自分を投資先として魅力的に見せるためには、こうした戦略的な提案の仕方も大切になってきます。将来、自分が蝶になった時に得られる現実をありありと見せて、投資先としての有望性を高めてください。

LESSON 12

美味しい話があるように見せる、「人脈」の見せ方

◎人脈を制する者は夢を叶える

人は、自分のビジネスの相手が誰とつながっているのか気になるものです。その人がどんな人と付き合っているのか、どんな人と取引しているのか、どんな人がまわりにいるのかを見て、その人の総合力を判断する傾向があります。

テレビで放送されるシャンプーやヘアカラーのCMは、いかにもタレントが普段からそれらの商品を使っているようなイメージを与えます。しかし、実際にはそうした芸能人にはトップスタイリストがついており、ドラッグストアで安く売られて

いるような商品を使っているわけがないのです。

それでも視聴者から見れば、ＣＭの商品を使って芸能人がキレイな髪を維持しているように錯覚させています。そのタレントが商品を使っているように思わせて、商品に引きつけるわけです。


それと同じように、誰でも自分が相手する人が誰とつながっているのかを気にします。

だからこそ、多くの人が著名人や有名な政治家と一緒に写真を撮り、それを家に飾ったり、ホームページに掲載したりするのです。その写真を名刺に印刷する人もいます。

そうした傾向があるので、相手に対して自分が美味しい人脈を持っているということをしっかり公開することが大事になります。


すべてのものごとは人脈、人とのつながりから生まれます。したがって、「人脈の質は自分の魅力の質」になります。

そこで、自分の人脈から生まれた成果を相手にしっかり見せていきます。

自分と付き合えば、自分とコラボレーションすれば、あるいは自分と接点を持てば、「私がいま持っている人脈をすべて使えますよ。それによって、あなたはこんな未来を得られますよ」ということを、すべて見せてあげて下さい。

またその時、自分の人脈の価値を高めるために、自分の人脈構築にかかった時間とお金を見せることも重要です。

たとえば私なら、世界一の男との間に人脈を作るため、どれだけの時間を費やしたのか、どんな苦労があったのかをしっかり見せることができます。


世界一の男の学びを得る合宿セミナーを私が初めて主催した時、まだ私にはそれほどの集客能力がありませんでした。メルマガもやっていないような状況でした。

そこで私は、すでに本を出している二人の友人、吉江勝氏と木戸一敏氏に共催を依頼しました。

二人はそれぞれメルマガの読者を五万人以上も持っていましたし、セミナー開催のノウハウも持っていました。そこに合宿セミナーの告知をすることで無事、集客に成功しました。

ただしその時点では、二人は世界一の男との人脈は持っていませんでした。つまり、その二人が私と接点を持つことのメリットとは、合宿セミナーを共催したことで、世界一の男との人脈を構築できることだったのです。そのメリットが、私とつながることで得られると思えたわけです。もちろん友人として私に力を貸してくれたことが一番の理由であることは間違いありません。

こうして私は、私が持っていなかった集客力とセミナー開催のノウハウを手に入れることができました。そして、二人の友人は世界一の男の合宿を共催でき、なおかつ世界一の男との人間関係を作ることができました。

このように自分の持つ人脈のメリットを見せると、相手は自分のことを美味しいと思ってくれるわけです。

人脈を見せることが大事な理由は、すでに成功している人や夢を叶えている人は、目標を達成する際には人脈がいかに重要かを知っているからです。

「人脈を制する者は夢を叶える」のです。

自分の人脈の素晴らしさをアピールすれば、相手は必ずアクションを起こします。

◎後藤勇人流、人脈作りの極意

私は2006年にコンサル、プロデュースの業界に参入したわけですが、その時点ですでに横内会長のプロデュースをしていたので、「世界一の男のプロデューサー」という肩書きがついていました。

「世界一マインドの伝承者」「世界一の男のプロデューサー」と書かれた名刺を渡すと、相手は一瞬で私のことを信用し、私とのコラボレーションを希望するのです。

「後藤さん、一緒に組んで何かしませんか」となるわけです。


これは私自身の能力は別として、その時点で「世界一の男との人脈を作っている男」「世界一の男がプロデュースを任せている男」というところに、相手が魅力を感じたわけです。

このように今自分が持っている人脈をうまく見せること、あるいは今自分が持っているお客様をうまく見せると、相手は自分に対して興味を持ちます。つまり、自分を一緒に仕事をしたくなる魅力的な商品として、相手に見せることができます。

「私には人脈なんて何もない」、そう言う人もいるかもしれません。私にも最初は、何も人脈はありませんでした。

人脈をいちばん簡単に作る方法は、すでに人脈を持っている人やキーパーソン、いわゆる「先生」と呼ばれる人のお客様になって、人間関係を作ることからスタートしましょう。

そうした人たちのサポートするボランティアなどを申し出て行うことで、スタッフという立ち位置を得ることができます。すると、その人も持っている人脈を徐々にでも、自分の人脈にすることができます。

人脈がほしいと言って待っていても、人脈を作ることはできません。自分が「この人のようになりたい」と思う人物に自分がアプローチすることが必要です。

すでに人脈を持っている人と仲良くなって、その人のインフラを自分の人脈として使う。これが最短最速の人脈作りの秘訣です。

第3章

お金を働かせる人、お金を死なせてしまう人

——賢いお金の付き合い方

LESSON 13

愛情と尊敬の念をもって付き合う、家族のように恋人のように扱う

◎お金を粗末に扱っている人のところに、お金は寄ってこない

お金を物質的なものと、とらえている方が多いと思います。

実は、世の中のすべてのものには意志があるのです。そして、お金にも意志があります。

こんな話があります。

毎日「ありがとう」と声をかけて育てている植物と、何も言わずに育てている植物では、成長の仕方が違うという研究結果が出ています。もちろん、毎日声をかけ

ているほうがよく育ちます。

このように意志があるとは思えないようなものにでも、実は意志があるのです。

お金を大事なものと考えている人と粗末なものと考えている人では、お金を大切にしている人の方へお金も寄ってきます。なぜなら、お金にも意志があるからです。

お金を粗末に扱っている人のところには、お金は寄ってきません。これを肝に銘じてください。

そして、お金にはエネルギーもあります。

お金を稼ぐ際に、人を喜ばせて稼いだお金は、プラスのエネルギーを持っています。

反対に、人を騙したり、人を悲しませたりして稼いだお金は、マイナスのエネルギーを帯びています。

もし、そんなマイナスのエネルギーを帯びたお金を受け取ってしまったら、そのお金は時限爆弾のようにあなたの中でいずれ爆発するのです。

私は実体験から、これを学ぶことができました。

バブルの頃、私は数多くの社長、経営者を見てきました。なかには詐欺まがいのことをしてお金を稼いだり、安いものを法外な値段で人に売ったりして、後日、法外な値段であることが分かり、多くの人を悲しませた社長さんもいます。

しかし、そうした社長は、どこかにほとんど消えてしまいました。

つまり、マイナスのエネルギーのお金を持つことで、そのお金が時限爆弾として自分の中で爆発したのです。

お金にはこうした側面があることも知っておいてください。

お金には間違いなく意志があり、お金が好きな人のところに集まりますし、お金が嫌いな人のところからは消えていくのです。

◎成功する人は、お金を財布に中にきれいに入れている

また、お金はそれを投入する場面に応じて性質を変えます。

お金は使う場所や使うタイミングによって、「生き金」になったり、「死に金」になったりするという特徴があります。

生き金とは、そのお金を使うことで将来、さらに大きなお金を生んだり、人の幸せにつながっていったりします。世の中がよくなることにつながっているのが「生き金」です。

「死に金」とは、お金の価値が死んでしまうお金のことです。

知人の社長がこんな話をしていました。

その人の弟さんの経営する会社が倒産しそうになっていたそうです。弟さんを助けるため、知人は５０００万円という大金を融資しました。

しかし、弟さんの会社はすでに手の施しようのない状態に陥っていて、その５０００万円もすぐになくなり、結局、会社は倒産しました。

後日、知人の社長が後悔して私に言いました。

「私は5000万円を死に金にしてしまった。もう少しクレバーな判断をするべきだった。弟の会社を一度倒産させ、再度復活させるための資金として5000万円をつぎ込んでいれば、弟は夜逃げをしなくてすんだはずだ」

「死に金」のタイミングで使ってしまったことを、とても悔やんでいました。

このようにお金は、投入するタイミングによって生き金になったり、死に金になったりするという側面を持っています。

たとえば、自分で商品を販売するか、あるいは自分自身が商品である場合は、仕掛けるタイミングがとても重要です。タイミングを間違えると商品価値がなくなり、うまくいかなくなってしまいます。

私のブランディングプロデュースのクライアントでも、やるかやらないかをさんざん迷い、結局はプロデュースのタイミングを失ってしまうこともあります。ライバルに先を越されたり、商品としても価値がなくなったりしてしまうのです。

そうなると、その後、取り返すには2倍、3倍の努力とお金がかかってしまいます。

もし、今あなたが自分の見せ方を迷っているのならば、今すぐ「女性ビジネスブランディング」を検索してみてください。あなたの夢実現のヒントが、そこにはあるはずです。

それでは、どうしたらお金によい感情を持って付き合うことができるのでしょうか。お金に対してやさしくなれるのでしょうか。

それは、「家族や恋人のようにお金と付き合うこと」です。

通常の場合、自分の家族や恋人はいちばん大事にしたい存在です。お金をそれと同等の位置づけで考えてください。

家族と接するように、お金に対しても思いやりを持って接するのです。恋人と接するのと同じように、愛情をもって接します。

すると、お金がどんどん自分のまわりに寄ってくるようになります。

科学的に証明できることではありませんが、実際にこうしたことは起こります。

ある知人の社長は、お札を無造作に扱い、いつもくしゃくしゃにポケットに突っ込んでいました。この社長もその後、会社を倒産させています。

私のヘアサロンに通われている社長さんや私のまわりの社長さんで、成功している人はほとんど皆さん、お金を大事に、ていねいに扱っています。財布の中にきれいに入れてあげています。

お札を折りたたんで小さな財布に入れている人ほど、年収が低いと言われています。

お金に愛情を持って、きれいに伸ばした状態で素敵な財布に入れている社長は、お金にも好かれます。そして結果的に、お金も寄ってくるのです。

LESSON 14

お金ときれいに付き合う、きれいな財布へ入れてあげる

◎きれいな財布にはお金がどんどん貯まってくる

世の中にはきれいな場所と汚い場所があります。きれいな場所には必ず良運がやって来て、汚い場所はマイナスの波動を引き寄せてしまいます。

知り合いのテレビ局の取材記者から聞いた興味深い話があります。マンションなどで何か事件が起こり、現場に行った時、どの建物で事件が起こったのか、瞬時にわかると言います。マンションの入口が雑多な状態で、汚れているような建物では事件がよく起こるそうです。

逆に、入口がきれいに整理されているマンションでは、あまり事件は起こらないのです。

汚い場所では事件が起こりがちで、きれいな場所ではほとんど事件は起こらない。私が経営していたショットＢＡＲでも、お店をきれいにできる店長は売り上げがよく、きれいにできない店長は売り上げが悪かったというデータが出ています。つまり、場所のきれいさとお金の集まり方には関係があったのです。

この論理はお金にも当てはまります。

バブル期にお金に踊らされた社長は、お金を非常に粗末に扱いました。私のヘアサロンでも、お金を投げつけるようにしてお金を払う人がいました。

その人は当時、絶好調に儲かっていた社長ですが、あっという間に倒産してしまいました。これもお金を粗末に扱っていた結果です。

もうひとり、バブル期の不動産屋の社長です。その人はお金を儲けていたのですが、財布にはまるでこだわりがなく、小さな財布しか持っていませんでした。

そのため、１万円札も小さく正方形に折って、その小さな財布に入れていました。その社長もその後、倒産してしまいました。

先にお話したように、お金にも意志があります。なので、小さく折りたたまれ、狭い空間に押し込まれると、そんな財布は居心地がよくないので、結局、その財布からお金はいなくなります。

私たちは良い家に住みたい、良いホテルに泊まりたいと思います。それはそんな家に住んだり、ホテルに泊まったりすると、気分がよいからです。それと同じように、お金もきれいな財布、きれいな場所に入れられると気分が良いのです。気分が良ければ、そこにいるお金が仲間を呼んできてくれるし、その財布に好んでいるようになります。

つまり、財布にどんどんお金が貯まってくるわけです。

◎財布を定期的に替える習慣を身につける

もうひとつ大事なことは、自分のモチベーションが上がるようなデザインの財布を選ぶことです。これもとても重要です。

財布は肌身離さず、常に持っているものです。したがって、見るたびにモチベーションの上がるデザインや気分がよくなるようなデザインを選ぶべきです。

少々高くても自分の好みのよい財布を選ぶことは、お金が寄ってくることにつながります。

そして、これは私も実践していることですが、財布の中にお守りを入れてください。自分がお気に入りの神社のお守りでもいいですし、自分にとって運気が上がると思っている神社のお守りでもいいでしょう。

私は武田神社の武田信玄のお守りを財布に入れています。

バッグには、金運のアップする金運神社のお守りもつけています。

私のブランディングプロデュースクライアントで、伊勢丹のカタログデザインを担当し、スペインの王室にチョコレートを納めているという有名ブランド「カカオサンパカ」のイラストも手掛ける、イラストレーターのいよりあきこさんが金運のアップする金魚のイラストを描いています。

そんなイラストのお守りを財布の中に入れておいてもいいでしょう。

私ももちろん、彼女の金運が上がるイラストを財布に忍ばせています。

こうした行動は非科学的かもしれません。しかし、私は武田神社のお守りを財布に入れた時、一週間後に２００万円ほどのコンサルを受注したことがありました。

これは、お守りを入れることで私自分のモチベーションがアップすることもありますし、財布自体の運気も上がるからだと思います。いよりさんのイラストを入れた時にも、１００万円以上の大きなコンサルの契約をゲットしました。

私たちもきれいな場所が好きで、きれいな家に住みたいように、お金もやっぱりきれいな場所が好きなのです。きれいな場所はよい波動を引き寄せ、お金も仲間を引き連れて来やすくなります。

つまり、お金ときれいに付き合ってあげることと同時に、お金をきれいな財布に入れてあげることも大切なのです。

最近、自分のモチベーションが上がらないと感じた時、あるいは疲れがたまってきたなあという時には、財布を買い換えるのもいいでしょう。

自分のモチベーションを上げるための自己投資を考え、定期的に財布を替える習慣を身につけてください。財布は自分のステージに合わせて変えてあげるのがベストです。

LESSON 15

お金は行動の通信簿と心得る、笑顔を作ったことへの神様からのプレゼント

◎人を喜ばせ、笑顔を作ることにフォーカスする

お金を稼ぐことに罪悪感を持ってはいけません。

お金を稼ぐことに罪悪感を持っていたり、お金そのものに罪悪感を持っていたりすると、お金の方からあなたに寄ってこなくなります。

「お金と笑顔の関係」を知ることで、お金を稼ぐことに罪悪感はなくなります。

私は日焼けサロンをオープンして、一年で地域一番店にしたことがあります。

その際、私はスタッフにいつもこう言っていました。

「君たちがお客様の笑顔をいくつ作ったかに対して、神様から払われる通信簿がお金なのだ」

これは、「笑顔ひとつがいくらになるのか」を教えたかったのです。

「笑顔を作れば作るほど、神様が通信簿としての売上げを君たちにプレゼントしてくれるよ」と言いたかったのです。それを徹底した結果すぐに地域一番店になりました。

お店の売上げが上がれば上がるほど、給料も上がるわけです。

つまり、お金を稼ぐということは、世の中の笑顔をどれだけ作ることができたのかを表している。そんな説明をしていました。

こうした説明ならば、経営とは何かなどを学んだことのないスタッフ、客商売の経験のないスタッフでも、「とにかくお客様の笑顔を作るために、お客様が気持ちよくなることをすればいいんだ」と理解してくれます。

人は、自分を気持ちよくさせてくれるところには自然と足を運ぶようになります。

私の日焼けサロンに来たお客様が笑顔になればなるほど、お店の売上げが上がりました。お店の売上げが上がれば、通信簿としてスタッフ自らの給料も上がったのです。

夢を叶えたり、ビジネスを成功させたりすることは、結局はたくさんの笑顔を作ることがゴールなのだと、しっかり認識してください。

これを理解していると、自分の夢を叶えるためには「自分のまわりの人間の笑顔をたくさん作ればいいんだ。自分の商品を利用した人を喜ばせることにフォーカスすればいいんだ」と、知るわけです。

私は世界一の男から「常に人を輝かせることを考えなさい。人を輝かせることを考えていれば、自然に自分の夢も叶うんだよ」と、いつも言われています。

人の夢を叶えてあげれば、自分の夢も叶います。

自分の夢の実現と他人の笑顔は、実はイコールで結ばれているのです。

このような発想を身につけることで、神様からの通信簿としてのお金がどんどん増えていきます。

多くの人が、自分の夢を実現するためには何をするべきかにフォーカスしています。もちろんこれも大事なのですが、これでは順番が逆です。初めに人を喜ばせ、笑顔を作ることにフォーカスして下さい。その後で、自分の夢が叶うのです。

LESSON 16

お金を信頼して付き合う、お金は何にでも変わる万能切符

◎お金をモチベーションアップに使う方法

ここでお金に関して、皆さんの心に変革を起こしてもらいましょう。

お金は何かを買うために使うもの。これが通常の発想です。

しかし、夢を叶えるためのお金の使い方、お金の考え方では、「お金は何にでも変わる万能切符」という発想を持つ必要があります。

お金はその人の使い方次第で、どんなものにも変化するのです。

つまり、手に入れたいものを形にするための魔法としてお金を使うのです。

自分の夢を叶えるためにはマインドなども大切ですが、お金は最重要のポジションにあります。優秀なメンバーを集めたり、いろいろなものを買ったり、必要なものを揃えるのにも、お金は必要だからです。

また、生きるという意味でも、お金がなければ生きていくことはできません。そうした意味からも、お金が最重要の課題となるのです。

「後藤さんはオシャレですね」と、人から言ってもらえることもあります。これも、お金を自分のファッションに変化させ、自分の見せ方に変えているわけです。

お金を「後藤さんはオシャレですね。センスがいいですね」という評価に変えています。

家族とくつろぐ自宅も、たまに行く家族旅行も、人生を楽しむためにお金が形を変えたわけです。

私のクライアントで大成功している女性がいます。彼女は年二回ほど海外旅行に行きます。私は、海外に何をしに行くのか尋ねたことがあります。

「自分の仕事を伸ばすために海外に行っています。お金を使って、海外という非日常の空間を買って、自分の気持ちをリフレッシュするため大好きな海外旅行に行っているの」

そう答えてくれました。

これは、お金を万能切符として、お金を自分のモチベーションアップに変えているわけです。


別の美容の専門家のクライアントは、キレイになるためのマインドやキレイになるためのエクササイズを商品にしている専門家です。

彼女は高価な化粧品をお金で買ったり、普通の人よりも頻繁に美容院に行ったり、エステに行ったりと、お金を自分磨きに変えています。

自分磨きにお金を変えることが、新たなお客様を呼ぶことにつながっています。

つまり、お金がお金を生み出しています。

お金は何にでも変わる万能切符で、自分の夢実現や自分の評価を高くする存在です。自分のモチベーションがアップするものには、惜しみなくどんどんお金を使うことが大切です。

私のプロデュースビジネスにおいては、いろいろな分野の専門家を束ね、自分のブレーンとして使っていく必要があります。

私は、もともと身のまわりにそうしたチームを持っていたわけではありません。まずお金があり、そのお金を払って、各自の特化した専門分野の仕事をしてもらうわけです。

お金を専門家が持つ一流のスキルに変え、結果的にそれが自分の商品に変わり、最終的にはその商品が売れることでお金に変わる、こういうサイクルになっています。

お金をいろいろなものに変化させ、最後はお金になって自分に帰ってくるわけです。

お金はこのように何にでも変わる万能切符なので、しっかりその視点にフォーカスして使えば、非常に大きな成果を生み出します。

私は現在、さまざまなビジネスを手がけています。多忙を極めているため、定期的に温泉に行ってリフレッシュを図っています。その温泉での癒やしは、自分のモチベーションアップの源泉でもあるので、しっかり投資してモチベーションを保っています。最近、リフレッシュのためにゴルフを5年ぶりに再開しました。

人によっては、それが海外旅行に行くことになるでしょうし、自分の好きな車でドライブすることになるかもしれません。

成功する人は皆さん、お金を自分の欲しいものに変えるという発想で大きな成果につなげているわけです。

◎一次的な効果だけでなく、その先を見てお金を使う

お金を使う際に重要なポイントがあります。

旅行や温泉、ドライブするための車にお金を使うというのは、温泉に行けば疲れ

が取れる、外国でリフレッシュ、ドライブで気分爽快などの一次的な効能がありま す。しかし、それだけはなく、その先にあるものを見てお金を使うことが大切なの です。

たとえば、私は自宅から特急の最寄駅まで車で20分くらいのところに住んでいま す。自宅から駅まで車に乗っても、それほどの距離ではありません。

車を単なる移動手段と考えれば軽自動車のほうが安上がりですが、私はメルセデ スが好きなので、無駄に思う人もいるかもしれませんが、スポーツタイプと四駆の 2台を所有し、気分によって乗り分けています。家族の車は別にあります。

一週間で一度乗るか乗らないかですが、それだけでも気分が最高になります。

天気の良い日は富士山も見えますし、私の住んでいる地域には、河口湖や山中湖 などきれいな湖があるので、その周辺をドライブするだけでも気分はマックスにな ります。

私は車を単なる移動手段という一次的な効能としてだけでなく、自分の好きな車に乗ることで快適性、幸せを感じているのです。
そして、その幸せからはビジネスのモチベーションが生まれます。つまり、移動手段としてだけでなく、その先も見てお金を使っているのです。

温泉も一次的な効能はリラックスですが、私は温泉で瞑想の時間を過ごしています。宇宙と自分が同化するような、自然と自分が一体化するような瞑想を行っています。この瞑想をすると、不思議なことに、自分に起こっている良いことも悪いこともすべて受け入れられるようになります。さらにアイディアも無限に湧いてきます。
私にとってこの時間は、かけがえのない時間なのです。

自然というのは宇宙の創造物です。神様の作ったものはすべておいて完璧だと考えることができます。そう考えていけば、いま私の身に起こっていることは、良いことも悪いこともすべて、自分にとってはベストであると受け入れられるようになります。

ビジネスでちょっと悪いことが起こった時に落ち込み、良いことが起こると手放しで喜ぶというような一喜一憂をしなくなります。

あらゆることを冷静に見ることができるようになります。そして、結果としてすべてのものごとがうまくいくようになるのです。

お金の一次的な効果だけを見て使うのではなく、その先に起こることや得られるものを見きわめて使うことで、より大きな成功を手にすることが可能になるのです。

LESSON 17

お金に振りまわされないように付き合う、欲がお金を暴走させる

◎世の中のもめごとのすべてはお金が根本にある

なにごとにおいても失敗の原因を見てみると、お金に振りまわされた結果であることがよくあります。

それは、お金には良くも悪くも、その人の本質をあぶり出してしまうという側面があるからです。

布団を販売している知人の会社がありました。

その会社は立ち上げから売上げは好調だったのですが、知人と一緒に会社を立ち

上げた幹部の一人が、取引先の会社から「別会社を立ち上げて儲けよう」という悪魔のささやきを受けたのです。

そそのかされた幹部は、私の知人の社長に恩があるにもかかわらず、会社のメンバーを5人引き連れて辞めてしまいました。そして、別の布団販売会社を作りました。

結論から先に言うと、新しい会社は5年後には倒産しました。欲に振りまわされて恩を仇で返し、義理を欠いた結果、そうなりました。

欲に負けて、人として正しくない行動を取ってしまったわけです。

世の中のもめごとは、すべてその根本にはお金があります。

私もこれまで一緒にコラボレーションした人とうまくいかなかったことが何回かありますが、それもすべてお金が原因でした。

どうやってもめるかというと、だいたいはお金を余計にほしい人が不満を言い出します。あるいは、お金をあまりもらっていない人が不満を言い出すのです。

バランスの悪いものはすべて崩れるという自然界の法則がありますが、お金もその例外ではありません。お金も一人の人があまりにも儲かったり、一人の人があまりにも損をしたりすると、そこからひずみが生じ、バランスが崩れてしまいます。ものごとを長期的に成功させるためには、バランス感覚がないとうまくいきません。

高額の宝くじに当たった人の80パーセントは、当たった後に当たる前よりも不幸になるというデータがあります。

お金を稼ぐ力のある人は、お金の使い方を知っています。ところが、宝くじに当たった人は、そのお金を自分の力で稼いだわけではありません。お金を手に入れることはできたけれども、その使い方がわからないのです。

その際に何が起こるのか。お金の使い方がわからないので、むやみに使ってしまったり、無謀な投資をしてしまったりします。そして、そのお金を目当てに悪い人が一杯寄ってきます。その結果、宝くじに当たったことで人生をダメにする人が多いのです。

会社経営でも同じです。会社が儲かってくると、必ず怪しい人が寄ってきて、お金にまつわる美味しい話を持ってきます。

そして、会社を立ち上げた当時の本来の理念を忘れ、思わず欲にかられて失敗するケースがよくあります。

世の中の役に立ちたいという純粋な思いで起業をしたのに、いざお金を目の前にすると、お金儲けに走ってしまう人も多いのです。これを避けるためにもしっかりした理念を持ち、お客様を喜ばせて笑顔にするという商売の鉄則を忘れてはなりません。

◎「欲」というフィルターでお金を見ない

大切なことは、欲からものごとを判断しないことです。損か得か、欲だけから判断するとたいていの場合は失敗します。

欲から判断して、一時はよくても結局はお金に振りまわされて消えてしまった人がいっぱいいいます。私のまわりにも、そうした人は多くいました。

知り合いの会社ですが、三人でかつらメーカーを立ち上げました。経営全般を見る社長、技術担当、かつらの原材料の調達担当というように役割を分担して、会社をスタートしました。

幸い、かつらの売上げは好調だったのですが、ある時、原材料の調達担当者がその仕入れ価格を、いきなり一・五倍に引き上げたのです。

売上げが好調なので、必要な原材料の髪の毛も増え、その入手が難しくなったというウソをつき、自分の取り分を多くしようと企てたのです。

結局、一年もしないうちにその会社は倒産してしまいました。欲に駆られてとった行動が、せっかくのビジネスを潰すことになったのです。

正当な利益配分でやっていれば、その会社はその後も継続して利益を上げることができたと思いますが、ひとりの人間が欲に振りまわされたことでその会社は消えてしまいました。

お金は人間関係を壊す元凶なのです。世の中のほとんどの問題はお金が絡んでいます。

家族の間であってもお金が人間関係を崩し、命まで奪ってしまうこともあります。お金はそういう性質を持っています。

お金はよく使えば、世の中の役に立ちます。しかし、欲というフィルターでお金をとらえてしまうと、会社もダメになったり、人生もダメになったりと、非常に大きなマイナスをもたらすのがお金なのです。

お金の使い方には、本当に注意が必要です。欲というフィルターでお金を見ないことが重要です。

LESSON 18

お金と対峙しない、お金に敵対心・罪悪感を持たない

◎お金を好きになればなるほどお金は入ってくる

世の中は面白いことに、お金を必要とする人ほど、お金を批判するという傾向があります。年収の低い人ほど、お金持ちを強く批判したりします。お金を必要とする人ほど、お金を批判するのです。

そうした人たちはいつもお金持ちを批判したり、文句を言ったりします。

お金持ちになった人たちは、楽してお金持ちになっているわけではありません。

私は「年収とその人の努力の量は比例する」と考えています。

私のクライアントにも年収2000万円、3000万円、なかには1億円という人がいます。そうした人たちは、表向きはあまり努力してないように見えたりします。

しかし、裏では大変な努力をしています。ただ、自分の美学としてその努力を表に出さないだけなのです。

ただし、何より彼らは仕事を楽しんでいるので、努力している感覚はほとんどないのです。

ちなみに、私自身も努力している感覚はほとんどありません。ビジネスが好きなので、楽しくて仕方がないのです。

そうした内情を知らない人から見ると、「あの人は楽してお金を儲けている」「何もしないで不労所得を得ている」というような見え方をするわけです。

実際はそんなことはありません。年収とその人の努力は比例するのです。

お金持ちをつねに批判する人というのは、実は潜在意識でお金を嫌っているのです。潜在意識でお金が悪いものと思っています。

本当は自分もお金がほしいのに、お金を稼ぐことやお金持ちを批判するのです。

こうした行動は、自分の中の潜在意識から生まれています。「お金は汚いもの、お金は悪いもの、お金が敵」という刷り込みを日々自分にしているわけです。そのほかにも無意識の嫉妬からくる感情も多いのです。

すると、何が起こるのか。その人にはお金が寄ってこなくなります。

たとえば、あなたがＡさんのことを潜在意識で嫌っていると、Ａさんのいないところでも、つい誰かにＡさんの悪口を言ってしまったりします。

そうすると、Ａさんの前では悪口を言ったことがなくても、あるいはＡさんもあなたが自分の悪口を言っていることを知らなくても、なんとなく、波動としてあなたの潜在意識がＡさんに伝わります。

自分が「なんとなくあの人は苦手だな、嫌だな」と思っていると、不思議なことに、相手もなんとなく同じことを思っているケースはよくあるものです。

これは言葉のレベルでは話していないけれども、波動として伝わってしまうのです。

お金には意志があるという話をしましたが、お金を悪いものと敵対視している人には、やっぱりお金も寄ってきてくれません。


私も自分のお店を持つ前、勤めていた時は給料が低くて「オーナーはいい車に乗れて、何でも買えていいな」と思っていました。

そして、そう思っている時には、お金はあまり入ってきませんでした。

それが、「お金を稼ぐということは世の中の人を幸せにするよいことなんだ」とマインド・チェンジしたら、圧倒的にお金が入ってくるようになりました。

つまり、お金を好きになればなるほど、お金は入ってくるのです。

◎生きているうちにお金を有効利用しよう

それでは、どうすればお金を大好きになるという発想を持つことができるのでしょうか。

「お金は世の中の問題を解決する万能ツールである」と、捕らえるのです。「お金＝無駄づかいするもの」「お金＝贅沢するもの」ではありません。お金を使えば使うほど、使われた人は潤うのです。

お金持ちが寄付することで、世の中のさまざまな問題は解決されます。

あるいは、頭のいい人が新しいビジネスモデルを考え出します。ビジネスとは基本的に世の中の問題を解決する手法なので、そのビジネスがうまくいけばいくほど、世の中の問題は減っていくわけです。

つまり、そうした会社がお金を得るということは、それだけ世の中の問題が減っていくのです。

いま世界では自然災害に遭って、支援を必要とする人も多くいます。そうした支援もお金がなくてはできません。

「お金＝悪」ではありません。「お金＝善」なのです。

大きな災害が起きた時に著名なスポーツ選手が寄付をする、ネットで大金を稼いだ人が学校を建てて寄付するということも、すべてお金がなくてはできません。

お金と対峙してはいけません。お金に対して敵対心を持たない、罪悪感を持たないということは非常に重要な考え方です。

人生は有限です。したがって、生きているうちにお金を有効利用しなくてはいけません。

死んだ後、お金をお墓に持っていくことはできません。生きているうちに自分の夢を叶える、自分の目標を達成することを考えると、いかにお金を有効利用してあげるかが大切になります。

ただ銀行に預けっぱなし、ただ金庫に入れっぱなしでは、お金も寂しく感じることでしょう。

お金もやっぱり世の中の役に立ったり、人の役に立ったりして、初めてお金にも価値が生まれるわけです。ですから、どんどん使ってあげましょう。

そして、お金を使えば使うほどお金がまわりまわって、あなたに帰ってきます。

これは、ビジネスで成功している人だけが知っている法則です。

会社が儲かる→儲かったお金で設備投資する→さらに会社が儲かる。この順番です。


お金を必要とする人ほど、お金を批判するという面があります。お金を敵視せず、お金を味方にするという発想を持つと、お金がどんどん入ってくるようになります。

お金は自分の夢を実現するツールととらえ、生きているうちに有効利用してください。


私も稼いだお金を、次の自分の夢実現のためにどんどん投資しています。そして、新しいテーマが見つかれば、その勉強をするためにどんどんお金を使っています。

お金を好きになり、自分の持っているお金を有効利用してどんどん動かせば、夢の実現のスピードも速くなるのです。


お金を敵対視してはいけません。お金は何にでも変わる万能ツールで、世の中のあらゆる問題を解決してくれます。

お金に対して罪悪感を持つことはやめて、お金を好きになってどんどん活用するという発想を持ってください。それができれば、あなたの夢の実現は、一気にロケットスタートを始めるでしょう。

第4章

危険なお金は人と話で見分ける

——お金に騙されない防御術

LESSON 19

目の前の美味しいお金に釣られない

◎世の中には「お金で人を釣る人」と「お金で釣られる人」がいる

人生において、あるいはビジネスでも、お金が必要な時ほどお金の話が舞い込んできたります。

ただし、その際に注意を要するのは、お金が喉から手が出るほど欲しい時に舞い込んでくる話には、あまり筋のよくないお金の話が多いことです。

その点を見きわめることができず、あとで後悔したり、ビジネスでは倒産したりすることもあります。

ここでは、どんなお金の話が危険なのか、どんなお金の話に注意しなければいけないのかをお話しします。

まず大前提が、「美味しいお金の話には気をつける」になります。

基本的に、本当に美味しいお金の話というものは外部には出たりしません。自分が儲ける話や大きな利益を得られる話をわざわざ他人に分けてあげる人など、そうそういません。

私のクライアントにも、よく「すごく美味しい話がきたんですよ」と言う人がいます。

私がその話を客観的に聞いてみると、美味しい話を持ち込んだ本人にとって美味しい、その人が一番利益を上げるという話が非常に多いのです。

ところが、当人は客観的な目線で見ることができず、自分にとってすごくメリットのある話だと受けとめてしまいます。

それを、私のように外部の目線で「それは誰が儲けるの？」「誰が一番得するの？」と見ると、やっぱり話を持ちかけてきた人が一番と得するというケースが多いわけです。

つまり、見きわめ方としては「結局、誰が一番儲けるの？　誰が一番得するの？」という目線で見ることが大事になります。

ビジネスではいろいろな話が持ち込まれたりしますが、まず初めにお金の話をする人、お金有りきで話をしてくる人にも要注意です。お金で人を釣ろうとしている可能性があるからです。

世の中には「お金で人を釣る人」と「お金で釣られる人」二種類の人がいます。お金で人を釣る人は「こうすれば儲かりますよ」「こうするのがあなたにとってベストですよ」という美味しそうな話を持ってきます。

そして、美味しそうなエサに釣られてしまう人がいるわけですが、そういう人は心の中を見透かされているわけです。

「この人はいまお金に困っているようだ」「この人は美味しそうな話に乗りやすいタイプだろう」と思われ、美味しそうなエサをぶら下げられると、思わず食いついてしまいます。

そうしたお金の話に釣られてしまうと、人生の歯車がどんどん狂ってしまい、自分の夢からもどんどん遠ざかっていきます。

私自身もお金に釣られそうになった経験があるので、それがわかるのです。

◎美味しいエサに釣られそうになった私の経験

数年前、一人の女性が私の前に現れました。会社経営者で、かなり著名な方です。

その人のする話の中には、当時、私の欲しかったものが三つも四つもあったのです。そして、その人のまわりの人を見ても、信頼に値するような人たちばかりでした。

私はその美味しそうな話に一度は釣られて食いつき、途中まで話は進みました。

それが、なんとなく途中から違和感を感じるようになったのです。

そこで、少し距離を保つようにして話を聞いてみると、どこか話の中に怪しげな香りや不確定なのにいかにも確定しているように言っている空気が感じられました。私は普段、あまり人に相談することはありませんが、その時は私のメンターでもある知人の社長に相談してみたのです。

するとその人は「やめなさい」と即答しました。

私は当事者なので、美味しいエサがぶら下がっていることが自分では冷静に判断できなかったわけですが、第三者から見れば怪しいことが手に取るようにわかると言いました。

私が見たもの、聞いたもの、すべてを話したのですが、それでも彼は「おかしい」と言いました。

「後藤さん、この話は詐欺に近いですよ。だから、やめなさい」

そう言われても、私は反論しました。

「これだけいい条件が揃っていて、私の欲しいものもあります。なぜ、やめなければいけないのですか。私はこれまで詐欺師に騙されたことなどないし、ビジネスの経験も長いので騙されない自信があります」

「絶対にあなたでも騙されますよ」と、さらに言います。

「詐欺師というのは、下手したら逮捕されます。つまり、命懸けであなたを騙しにきているんですよ。命を懸けている人間にあなたは勝てますか？　勝てないですよ」

そういうものかと私も納得してきました。

「実は、私はこれまで何回も騙されたことがあるんです」

私のメンターは人に騙されるような人ではないと思っていたので、私はこの言葉にとても驚きました。その人でさえ騙されたことがあると聞いて、「私も騙されるかもしれないな」と納得しました。

結局、私はその話を断ったのですが、数年後、その話が詐欺ではないにしても詐欺に近い怪しい話であることがわかりました。

相手が私に話したメリットは、ほとんど得ることができない話だったのです。

私にもこのようなことがありました。その時は私の欲しいエサが全部目の前にあったことで私は動いてしまったのです。

このように目の前にぶら下がったエサは、騙される要素になるのです。

◎あなたの善意につけ込むような人にも注意する

また、親しい人との付き合いで起こりがちなことがあります。

ビジネスを行っているのに、友人との付き合いのように接している人も要注意です。たとえば、「友だちだから」ということを前面に押し出して、明確なオファーをなかなか言わない人がいます。

友だちだから安く仕事をしてもらおう、無料で何かやってもらおうという下心がありありと見える場合もあります。

これも、本人にはそうした状況がわからないケースがあります。

本人は「友だちだから自分にできることは善意でやってあげよう」と思います。

しかし、第三者の私から見れば、相手はその善意に乗じて明らかに利用しようとしていることが見えたりします。

親しき仲にも礼儀ありです。ましてやビジネスであれば、友人ということで多少の割引はあるとしても、あまりに無し崩し的に利用しようというようなオファーには気をつける必要があります。

あるいは、あなたのメリットだけに特化して話す人にも要注意です。「あなたにはこんなメリットがありますよ」と、相手が喜ぶようなことばかりを言う人がいます。

ビジネスには、メリットがあれば、必ずデメリットもあります。美味しいところがあれば、リスクもあるわけです。

それなのに、メリットしか言わない人は気をつけてください。

ポイントをまとめると、初めからお金のことばかり言う人やあまりに美味しい話を持ってくる人にも気をつけてください。

美味しいエサに釣られないように注意してください。

また、ビジネスなのに友人関係を強調してアプローチしてくる人にも気をつけます。メリットばかり言う人にも気をつけましょう。

まずは、お金に騙されない防御策の基本として、こうした点を肝に銘じておいてください。

LESSON 20

こんなお金の話には要注意

ここで、こんなお金の話には要注意というポイントをまとめて紹介します。
まず、「盛り盛りの話」には気をつけてください。

◎盛り盛りの話

今の女性はお化粧がとても上手です。すっぴんのビフォー写真とお化粧後のアフターの写真をＳＮＳでアップしている人もいますが、それを見るとホントに同じ人なのというくらい差がある人もいます。

ビジネスでも、小さな話を大きく盛って、着飾って美味しそうに見せて話す人がいます。こんな盛り盛りの話には要注意です。

私にも、よくそんな人が近づいてきます。

メールでやりとりしている時は「この人はすごいな、こんな実績があるんだ」と思わせます。そして、実際に会う時に襟を正してその場に臨むと、実は内情は火の車で、ビジネスが全然うまくいってないということもあります。

こうした盛り盛りの話には注意してください。

◎お金有りきで理念がない話

次に気をつけたいのが、「お金有りきで理念がない話」です。

ビジネスを展開する際には、もちろんお金が大事ですが、成功するためにはお金よりも大切なものがあります。それが理念です。

理念とはエンジンや燃料みたいなもので、これがないと何事もうまくいきません。

どんな組織でも理念によってゴールを共有しないと、しっかりした組織を作ろうとしても、なかなかうまくいかないのです。

理念とは、その人の信念であったりします。あるいは、その人が心の中に持っているＤＮＡです。

そうしたしっかりした理念がない話、たとえば「儲かりますよ」とお金を前面に押し出しているような話には気をつけるべきです。

◎「あと出しジャンケン」の話

「あと出しジャンケン」の話にも気をつけてください。

最後になってからお金の話をしたり、一番重要なことを最後に持ち出したりするケースです。なので、「あと出しジャンケン」と呼んでいます。

最初に美味しいことを並べて、言いづらいことを最後に持ってくる人がいます。話が８割くらいまとまって、仮のＯＫを出した後に「実は……」と、やっとデメリットを持ち出してきます。こんな話も要注意です。この時点では断れないだろうというタイミングで、「実は……」とほかのデメリットが出てくるのです。

◎エサがぶら下がっている話

また、必要以上に「エサがぶら下がっている話」も、もちろん気をつけてください。本当にこんな絵に描いたような美味しい話があるのかというくらいエサぶら下がっている話を持ってくる人もいます。

こんなケースは、最初に話を聞いたその時点で注意しなければいけません。こうしたケースでは、ビジネスの話に入る前、雑談をしている時に、相手はあなたが何を欲しがっているのかをヒアリングで見きわめ、それに合ったエサをぶら下げてきます。

誰かを騙そうと考えている人は、相手が欲しいものを見つけることがとても上手です。そして、騙す前に必ずヒアリングをして、どんなエサをぶら下げればいいのか見きわめています。

そんな見きわめをされた話には要注意です。

◎ビジネスで組まない方がいいタイプの人

こんな人とはビジネスで組まないほうが望ましいというタイプがあります。

◆お金に非常に細かい人とは組まない

たとえば、ケチな人や自分だけお金を多く取りたがる人です。こんな人と組むと必ずもめる原因になります。ただし、経費の部分などいい意味で細かいのは問題ありません。

私はいろいろな人とコラボレーションをしてきましたが、自分の欲をかくと絶対にビジネスはうまくいきません。反対に、人の欲をかくとうまくいきます。自分の幸せを考える前に、人を幸せにすることを考えるのです。

その点からも、人がどうあろうと自分だけはたくさん取りたいという人とは組まないほうがいいのです。

◆ケチな人とは組まない

ビジネスでは、お金を使うべき時にはしっかり使う必要があります。まずお金という資本投資をしないと、ビジネスはうまくいきません。これはビジネスの原則です。しかし、ケチな人と組んでしまうと最初に投資すべきお金さえもケチってしまいます。

初めに投資があって、その後のビジネスが大きくなっていくという順番で考えると、最初の投資にあまりにもお金を惜しむ人、適正なお金を使えない人と組んでしまうと、うまくいかないケースがよくあります。

◆価値観が合わない人とは組まない

価値観が合わないということは、そもそも人としての波動が合わない、ビジネスに取り組む気持ちが合わないということです。

私は、困っている人を助けたり、人が欲しがっているものを提供したりしてその人を笑顔にした結果、ビジネスが成立すると考えています。

しかし、なかにはお客様を泣かしてでも自分が利益を上げることができればいい。自分が儲かればいいという価値観の人もいます。

私は、そんな人とは組むことはできません。

何かを与えた後から自分が得るという順番で、ビジネスをとらえる必要があります。この価値観と合わない人とは組まないようにしています。

お金に関して注意が必要なポイントを説明しました。お金に騙されない基本となりますので、十分に気をつけてください。

LESSON 21

ボディランゲージで要注意人物を見抜く

人の外見やボディランゲージから判断するお金の注意すべき人を紹介しましょう。人を見きわめる上でポイントのひとつになります。

◆話をしている時に目が泳ぐ人

人は明らかに自信がないことがこんなしぐさに現れてきます。あるいは、心に中に何かやましいことを隠していることが体に表れてしまっています。

自信がある人はキョロキョロしませんし、目がドシッとすわっていて安心感があります。

交流会などに参加した時、あまり自信がないという人はソワソワしたり、目が泳いでいたりするのを感じたことがあると思います。自分のビジネスがうまくいっている人はドシッとして、目も澄んですわっているものです。

◆全体の雰囲気が落ち着きのない人

貧乏ゆすりをしたり、ずっと体を動かしたりする人です。体に落ち着きがないということは、ビジネスでドシッと構えるべき時に構えることができない恐れがあります。

ビジネスも人と人との人間関係が基本になりますから、こうした落ち着きのない人が営業担当になったり、商談担当になったりすると、うまくいかないケースがよくあります。

もしあなたも前に落ち着きのない人が現れたら、気をつける必要があります。その人は心の中に何かを隠しているかもしれません。

◆お金のことをぼかす人

お金の話を切り出すタイミングは本当に難しいのですが、ビジネスでは、それを明確にしておく必要があります。さもないと、あとで必ず揉める原因になります。

とにかく、ビジネスにおけるトラブルの原因は、ほとんどがお金の問題です。したがって、お金に関しては明確に言わなければいけません。

とかく自信がない人や何かやましいことがある人ほど、お金のことをぼかす傾向があります。

私の経験上、ビジネスやコラボレーションがうまくいかなかったのは、どうも相手がお金のことをあまり言いたがらない、お金の話をしようとすると相手が話題をスッとそらすというようなケースがほとんどです。

◆お金の話が大きすぎる人

どう考えても、捕らぬ狸の皮算用なのに、最初から「こんなに儲かります」と儲かる額を大きく言う人です。

あるいは、自分はこんなにすごい人間だと、お金の額でアピールする人もいます。こうした人にも気をつけるべきです。

本当に自信のある人は、自分からアピールしないものです。また、責任感がある人は自分がまだやったことがなければ、自信満々な態度を取ったりしません。
話を過大に膨らませて言う相手には気をつけてください。

◆メリットばかりでデメリットを言わない人

ものごとはうまくいくことばかりではありません。すべてに表と裏があるのに、その表の部分しか言わない人です。うまくいかない場合もあることを考慮にいれた上で、しっかり戦略を決めることが重要です。なので、メリットしか言わない人にも気をつけてください。

◆気遣いができない人

ビジネスとは、人と人のつながりで成り立っています。チームを組んで進めていきます。それなのに、あまりに人に対して気づかいがない人、クールに接する人では、やっぱりうまくいきません。

人と人との付き合いがビジネス成功のカギとも言えます。取引先との応対でも、相手へのちょっとした気づかいができない人ではうまくいかないことが多くなります。

こうした人とのお金の話にも注意が必要です。

◆常に自分にフォーカスしている人

自分を中心に置いてものごとを考える人には注意したほうがいいでしょう。「自分が自分が」という我が強い人がいると、チームのバランスが崩れてしまいます。そんな人と組むとあとで痛い目に遭うケースがよくあります。

そうした人は得てして、最初はオブラートに包んでいるのですが、だんだん我が出てきて、自分にとって都合がよく、自分にメリットある提案しかしないようになってきます。

こういう人と組むと、あとでお金の苦労することになりがちです。

◆「悲劇の主人公」と自分をアピールする人

そんな人は、そもそもネガティブな人、マイナス思考の人です。「私はこんなに大変です。私はこんなに苦労してます」、そんなことばかりを言う人です。

こういう人からは良い人材、良い気の流れを持った人たちが離れていってしまいます。自分のことを悲劇の主人公のように思っている人とのお金の話も気をつけてください。

◆文句が多い人

これはわかりやすいでしょう。「あの人はこうだった。この人はこうだった」と文句ばかり言っている人は、その人を組んでも何かあった場合には、今度はあなたが文句を言われる側になります。私自身も経験のある事です。

◆お金の配分をきちんと言わない人

経費を引いた金額を折半、ロイヤリティーの20パーセントを下さい、などのように、数字でお金のことをはっきり言わない人には注意してください。

そういう人は儲かると欲をかいて、あとで「私はこれだけ欲しい、私は本来これだけもらうべき」などと、あと出しジャンケンみたいなことを言い出しがちです。

お金の配分を初めにきちんと言わず、ごまかすような人は要注意です。

◆身なりのだらしない人

自分の身なりのマネジメントさえできないような人が、自分のビジネスのマネジメントができるはずがありません。

その人が完全な技術職で外部の人と接することがまずない、コンピューターのシステムを作っているような人なら別ですが、外部の人とチームを組んでビジネスを進める場合にはＮＧです。人は見かけで判断されてしまいます。

◆時間を守らない人

これまで時間を守らない人とビジネスを行ってうまくいったことは一度もありません。

最初は時間を守るのですが、だんだんルーズさが現れてくる人もいるので気をつけてください。なかには、５分や10分は遅刻ではないと思っている人もいます。一度もきちんとした時間に来なかったツワモノさえいました。

時間を守らない人というのは、相手の時間を奪っても平気な人です。そして、相手を待たせても平気な感性というのは、ビジネスにとっては大きなマイナスです。人を待たせる、人に迷惑をかけてもいいという資質のある人とビジネスをしてもやっぱりうまくいきません。そんな人と組むと、あなたへの信用も失うことになります。

◆色気に近づく人

あなたが女性で、ビジネス相手が男性の場合の注意が必要です。ビジネスの仮面をかぶってはいるけれど、本当はあなたの女性としての魅力をものにしたいという下心を持って近づいてくる人がいます。相手があなたも女性としての魅力が目的であると感じたケースは十分に気をつけてください。

こうした人たちとお金の関わりを持つと、あなたの夢実現は遠のくことになります。騙されがちなお金の話と合わせて十分に注意してください。

LESSON 22

その人のまわりの人間を見て判断する

◎メンターから相手の本質がわかる

お金で騙されないためには、その人がどんな人なのか判断する必要があります。それでは、どうすれば人を正しく判断できるでしょうか。

世の中には、「類は友を呼ぶ」という昔からの法則があります。まわりにどんな人間がいるかを見れば、その人がどんな人なのかだいたいわかります。同じような人は同じ場所に集まるものです。頭の良い人は東大に集まります。運動神経の良い人たちはオリンピックに集まります。犯罪者は刑務所に集まります。

人をどう判断するか、本質を見たい時にはその人のまわりを見てください。

次は、その人のメンターが誰なのかを見ます。

メンターとは、その人が人生の師として教えを請う人です。人はメンターを選ぶ時、自分の内面と照らし合わせて、自分もこんなふうになりたいと思って選んでいます。

私のメンターは、再三紹介しているグレコのギターで有名な横内祐一郎会長です。横内会長の生き方や人生に対する指針などに共感して、私はメンターとして横内会長に教えを請うているわけです。

このように自分が共感できる人をメンターに選びます。つまり、自分の心が満足できるものをすでに得ている人です。したがって、メンターを見れば、どんなふうになりたいのか、どんな思想を支持しているのかわかります。

ちなみにメンター選びは、現存している方でもいいですし、歴史上の人でもかまいません。できればバランスよく両方いた方がいいでしょう。

メンターを知るには「あなたが尊敬している人は誰ですか」「経営者が書いた本で好きな本はありますか」などと、尋ねるのもいいでしょう。

たとえば、松下幸之助さんや稲盛和夫さんの名前があがるようなら、ある程度信用できそうです。具体的にどんな点が尊敬できるのかを聞けば、師事の深さ、その人の傾向もわかるでしょう。

もし、ネットを使って短期間でお金を儲けて有名になった人の名前が出たら、そのようになりたい人だと判断できます。

◎過去の実績と現在の行動から判断する

次に、その人が過去に何をやってきたのかを見ます。

私は「百の言葉より一つの現実」という言葉をよく使います。言葉はいくらでもデコレーション可能で、飾りつけができるからです。

私は24歳から経営に携わっているので、あらゆるタイプの経営者、社員、アルバイトに接してきました。

その経験から断言できるのは、事実はウソをつかないということです。つまり、過去にやってきたことを見れば、その人の本質がわかります。

面接で自分が仕事に対していかに真面目であるかを、一生懸命に口でアピールする人がいます。でも、その人の履歴書を見ると、半年ごとに仕事を変わっています。そこからは、人間関係を作るのが上手ではないこと、人の中に溶け込めないことがわかります。一つのことが長続きしないと判断できます。

いくら真面目に働きますと言っても、三か月に一度仕事を変わっていれば、その人は三か月しか続かないと判断できます。

履歴書を見ると、面白いことに気づきます。仕事を変える人は、一年ごと、二年ごとにやめる周期があります。必ず周期があるのです。

履歴書を見て、そうした周期をわかれば、その人がどれくらいもつのか判断できます。

そして、過去にやってきたことの結果を見ることも大事です。

結果とはすべての行動の答えです。

コンサルタントであれば、その人のコンサルを受けた人が、実際にどうなっているのか。いろいろな会社を立ち上げたと言うのであれば、その会社が本当に成功しているのか、会社が潰れていないかを見ていきます。

その人の過去の実績や過去の成果を見ることも、人を見きわめる際のポイントです。


次に現在、何をやっているかを見ます。

実際に今、何をやっているのか。これは今まで考えてきたことの蓄積となります。それが現在の行動に現れているわけです。

過去を見ながら、今、何をやっているのかを見ることで、その人のリアルな姿が見えてきます。

LESSON 23

メリットよりもデメリットにこそ耳を傾ける

◎デメリットには失敗しないための方法論が隠されている

メリットよりもデメリットに耳を傾けるようにしないと、美味しい話の美味しい部分にしか目がいきません。それでは、お金の話で騙されてしまいます。

私は、ビジネスとは成功することももちろん大事ですが、それ以上に失敗しないことが大事だと思っています。

私は24歳で経営者となってから、会社を本質的に赤字にしたことは一度もありません。それは、一発逆転を狙うような博打的なビジネスはせず、失敗しないという側面を重視してきたからです。

取り返しのつかない失敗をしたら終わりです。そこで、リスクの大きい博打のようなビジネスモデルよりも、デメリットをしっかりとらえて想定外をなくします。何か問題が起こったら、こう対策を立てようと、デメリットを検討した上で対処法をしっかり考えることが大切になります。

こうした目線を持っていないと思わぬところに落とし穴が待っていて、大変な事態に陥ったりします。

デメリットには、そのビジネス全体の本質を表している面があります。

メリットは捕らぬ狸の皮算用で、うまくいった時のことだけを考えたものです。一方、デメリットはそのビジネスをあらゆる角度から見た場合の、うまくいかない可能性を浮かび上がらせてくれます。

つまり、デメリットの中にこそ、失敗しないための方法論が隠されているのです。

私がショットバーを買収して経営した時のことです。昼間はヘアサロンの仕事があるので、夜に営業するショットバーには、私がずっといることはできません。そこで私は、自分がいなくても店がまわるようにマニュアルを作成しました。その際、うまくいっている時は問題ないので、うまくいかない時のデメリットをすべてリストアップしてみました。そして、それらへの対処法をすべてマニュアルにしたら、店のオペレーションはすごくスムーズになりました。

デメリットとは、それが起こるとビジネスがうまくいかなくなるということです。その対処法を事前にしっかり考えておくと、ほとんどの場合はうまくいきます。

会社の経営陣が謝罪する時によく出てくる言葉が「想定外」です。想定外とは、デメリットを見積もっていなかったことを白状したようなものです。そうした想定外をなくすことが重要になります。

◎クレーマーを大ファンに変えてしまう方法

デメリットに関係して、クレームについての私の考えを紹介します。

クレームを言う人は、不満に思った人の二割程度とされています。ほとんどの人は不満があっても我慢して、黙って立ち去っていきます。リピーターになることはありません。

クレーマーというのは改善点を教えてくれるという、会社にとってはとてもプラスの存在なのです。

大切なのは、クレーマーを大ファンに変える方法を知っておくことです。

たとえば、1万円の商品を買った人がクレームを言ってきたとします。その場合は、10倍の価値を与えるようなリカバリーをしてあげます。

私はいつもこれを心がけています。

私の経営する日焼けサロンで、予約したお客様がその時間に来たのに、スタッフのミスで別の人の予約を入れてしまったことがありました。そのお客さまは時間通りに来たのに、30分待たなければいけません。当然、お客さまはご立腹します。私は、すぐスタッフに30分の無料券を渡すように指示しました。その無料券は、その日に使っても次回に使っても構いません。それでクレームは収まりました。

そのお客さまがこうむった被害以上の価値を提供することでクレームは収まるのです。

また、お金に関してクレームを言う人には、お金を返せばそのクレームは収まります。お金を返してくれと言う人には、その場で過度に揉めるよりは、そのお金を返してあげればいいのです。

必要以上にもめてたり、自分がその人からマイナスのオーラを浴びたり、その人の知り合いに悪口を広められたりしないためには、なるべく短時間で速やかに処理しましょう。お金のクレームはお金で処理するのがいいでしょう。

LESSON 24

百の言葉よりひとつの真実を見る

◎店長の身なりと店の売上げは比例する

中国の古典の教えだと思いますが、「一を見て十を知る」という考え方がありま す。これは、その人の全部を見なくても一箇所を見ると、残りは想像できるという ことです。

一から十まで全部見るのは、現実問題として難しいでしょう。そこで、相手が やっていることの一面を見て、その人の全体像を判断していきます。

たとえば、時間にキッチリしている人、身なりがキッチリしている人というのは、ビジネス全体がしっかりしていると判断できるでしょう。

以前、私が4店舗を経営していた時のことですが、店長が乗っている車の中のキレイさと店の売上げが比例したり、店長の身なりと売上げが比例したりしました。


このように一箇所を見ることで、その人の全体像を想像してその人と付き合うことが、一を見て十を知るということです。

私はこれを、すでにお話したように「百の言葉よりひとつの真実」として、人にもよく言っています。


私は人から誰かを紹介された時には、紹介してくれた人の人間性を見るようにしています。紹介してくれた人が信用できる人であれば、紹介された人もある程度信用できると考えています。

これは逆から見ると、自分が人に誰かを紹介する時には十分に気をつける必要があります。なぜなら「後藤さんの紹介だから信用したのに、こんなひどい人が来た」となりかねないからです。

そこで、自分が責任を持って紹介できる人しか紹介しないようにしています。

◎「人脈の遊牧民」には気をつける

この紹介というのも、意外に人ともめる原因になります。

「あなたの紹介で会ったのに、こんな悪い人だった」「こんなことで騙された」「ビジネスでこんな損失をこうむった」というのは、よくある話です。

なので、人に紹介する時には自分の信用をかけて紹介することを心がけてください。私も「○○さんを紹介してください」という依頼を、よく受けます。しかし、安易には紹介したりしません。

そして、初対面やまだそれほど面識がないのに、すぐに「○○さんと知り合いなんですか。ぜひ私にも○○さんを紹介してください」という人には要注意かもしれません。

そういう人は誰かを紹介しても、その人から離れて、すぐまた別の人を頼ったりします。人を次から次へと渡っていく人という傾向があります。

自分はよかれと思って紹介したのに、あとでクレームになったりします。

まだ人間関係ができてないのに人を紹介してくれと言う人は、ある意味、自分しか見てない自分本位な人なので注意してください。

また、人を渡り歩く人は、ビジネスでもなんでもひとつの人脈にしっかりと根っこを張れない人にも注意が必要です。

石の上にも三年ではありませんが、仕事でもひとつのことに結果を出すためには、井戸と同じでちょっと掘っただけでは、すぐに水は出ません。ある程度深く掘り下げなければ、水は出てくれません。

人を渡り歩く人は、少し付き合ってみたけれども水が出ない、自分には何もメリットがないと、次の人を探します。そして、またメリットがないからまた次の人にという、「人脈の遊牧民」みたいな人なので気をつけてください。

こういう人は、メンターに関しても渡り歩きますし、セミナーも渡り歩きます。

人脈も渡り歩きます。もはやその人のクセみたいなものです。

お金に騙されない防御術のまとめとしては、捕らぬ狸の皮算用的なお金の話には要注意です。

先ほどの話とは逆説的ですが、今はたいしたことないけれども、将来こんなにたくさんの果実を得ることができるというような話を過度にアピールする人には気をつけてください。

詐欺師のテクニックのように、「将来は美味しいですよ」とエサだけを見せてきます。ビジネスには収益モデルがありますが、あの数字はあくまで予想の数字であって、その通りになったことはほとんどありません。

それなのに収益モデルが徹底的に計算されつくし、あたかも現実に起こるように見せかけるような話には注意が必要です。

第5章

夢を叶える人は、お金を投資する方法を知っている

――賢いお金の手放し方

LESSON 25

未練を持たずにお金を送り出す

◎投資する時は、そのお金がなくなってもいいという覚悟を持つ

お金を手放す時には、気持ちよく送り出してあげることがとても大切です。

自分が稼いだお金や貯めたお金にあまりに執着すると、いざ勝負を懸けるべき時にお金を出せなくなってしまいます。

お金は、それを使うタイミング次第で生きる場合もあれば、死に金になってしまうこともあります。いかにベストなタイミングでお金を使うかが大事なのです。

そのためには、お金をいつも気持ちよく送り出してあげようと、自分の中で決め

ておきましょう。それができないと、いざという時に使うことができません。

そうはいっても、せっかく自分が稼いだお金なのだから、なかなか送り出すことはできないよ、という意見もあるかもしれません。

そんな考えにならないため、「お金とは使ったら必ず自分に帰ってくるもの」ということを知っておいてください。

お金はブーメランのようなものです。適正なところに使えば、必ず帰ってきます。ただし、適正ではないところ、たとえばギャンブルや怪しい儲け話に使うと帰ってきません。自己投資を心がけてお金を使えば、必ず帰ってきます。

お金が帰ってくるものだと知っていると、いざという時にサッと使うことができます。したがって、このマインドをしっかり持つことが大切になります。

そして、お金を投資する場合には、そのお金がなくなってもいいくらいのつもりで投資することです。これも重要です。

実は、この感覚がわからない人が多いのです。

私も実行していることですが、お金を投資する場合には、もしこのお金がなくなった時はどこから補填しよう、あるいは、またしっかり稼ごうというプランを事前に立てておきます。

私がショットバーを買収した時、８００万円が必要でした。もちろん８００万円は大金ですが、私は最悪、この８００万円がなくなった時のことを次のように考えました。

私は車が大好きですが、８００万円のメルセデスを買ってすぐに事故にあって廃車になってしまいました。でも、自分はケガひとつせず無事だったので、これでよし……。

これくらい開き直ることができると、お金に対する不安や不満がなくなります。

そして、８００万円がなくなった時の補填方法も考えておけば、心の不安もなくなります。その結果、行動もどんどんアグレッシブになっていきます。

たとえば、30万円の投資が必要になった場合、それがゼロになった場合にどうするかを考えておけば、投資しやすくなります。

もし30万円がなくなっても、それは授業料だと思って我慢する、あるいはほかで稼いだところから補填する、ほかで使う予定のお金を切り詰めて補填すればなんとかなる……。

そう考えていれば、思い切って使うことができます。

投資する時には、そのお金がなくなってもいいという覚悟を持つ。そして、もしそのお金がなくなった時に補填する作戦まで考えて使う。これがポイントとなります。

◎お金はお金からしか生まれない

未練を持たずに送り出すことと同じくらい大切なのが、「お金はお金からしか生まれない」という世の中のしくみを理解することです。

お金のレバレッジは、お金でしかかけられないのです。

私の経験上でも、大きなお金が生まれる前には必ずお金というタネをあらかじめまいています。お金というタネをまくと、そこからお金の木が育ち、お金が成るのです。

つまり、お金を払ってお金のタネを買うということです。

たとえば、Aさんがファイナンシャルプランナーとして活躍したいと考えたとします。

Aさんはまず、ファイナンシャルプランナーとして活躍するためのタネを買うのに、お金を投資する必要があります。ファイナンシャルプランナーがどんなものかを知るためにセミナーなどに参加して、心の中の畑にそのタネを植えます。そこから木が育っていきます。

お金の木が育つためのタネを買うことに、お金を初めに使うのです。

お金でうまくいかない多くの人が知らないのが、「お金を得ることと手放すことの順番」です。

ビジネスでもなんでもお金を先に手放すことで、うまくいくケースが多くなります。それを知らないので、恐くてなかなか踏み出せないのです。

成功をゲットしたり、夢を叶えたりする人は、先にお金を手放すべきことを知っているので不安がありません。

一方、知らない人は不安に駆られます。何もお金が入っていないのに、お金だけ先に払う……「これって大丈夫なの？」という恐れがあります。

お金を稼いでいる人は、お金からしかお金が生まれないことを知っています。手放すのが先ということを知っています。

これを知っていれば、先にお金を手放すことができるようになります。

私は24歳の時に1000万円を借金して自分のヘアサロンを立ち上げました。まず、借金という形でお金を手放しました。おかげさまで売上げが好調で、3年で完済できました。

そして、独立前は給料15万円だった男が、8年後には年収2000万円、1億円の自社ビル、グループ4店舗というお金のなる木を得ることができました。

これは、最初に投資ありきの考えでビジネスのタネをまき、そこからなった実をしっかり育てて刈り取ったということなのです。

LESSON 26

仲間を引き連れて帰ってくるように願う

◎人の役に立ってくれよとお金を送り出す

お金を使う時に未練を持たないことと同時に、自分の子供を送り出すように、お金を世の中で人の役に立ってくれよと送り出すことも大事になります。

もし、お金に対する執着心を持ったまま送り出すと、どうなるでしょうか？

恋愛でも嫉妬心が強く、できるだけ恋人を抱え込もうとすると、逆にその人のところには帰って来たくなくなります。

お金も同じです。自分が稼いだお金は絶対にほかに行ってほしくないというマインドでいると、その人のところから一度逃げたら帰ってきません。「あそこに行くと、二度と出ることができない」と思ってしまいます。

そこで、お金にも出世魚のように世の中の役に立って、そこで知り合ったいろんな仲間を引き連れて帰ってきてくれよと願って送り出してください。

すると、本当に仲間をたくさん連れて帰ってきてくれます。

お金にもやっぱり、あちこち動きたいという意志があります。ただ財布の中にいるだけでなく、世の中のいろいろなものに変わって活躍したいという気持ちがあります。

いっぱい仲間を引き連れて帰ってくるように願った人のところに、お金は帰ってきます。そのように世の中のしくみができているのです。

「かわいい子には旅をさせよ」ではありませんが、お金にも武者修行が必要です。お金を気持ちよく財布の中から送り出してあげると、いろいろな経験をして強くなり、仲間を連れて帰ってきてくれます。

お金に仲間を連れてきてもらうためにも、一回、世に出してあげることが大事です。

◎お金がいなくなるような言葉は禁止ワードにする

お金はきれい好きです。前にもお話したようにきれいな財布に入れてあげてください。

そうすると、その財布から出た後も、そのきれいな財布を思い出して里帰りしたくなります。人もきれいで居心地のよい実家には帰ってきたくなりますが、あまり居心地のよくない実家には帰ってきたくないものです。

お金も自分の住みかがきれいで、やさしいご主人様のところには帰ってきたくなります。

あなたのもとにいるときに適切に対応してあげると、お金も頻繁に里帰りしてくれたり、あるいは大きく成長して帰ってきたりしてくれます。

お金の住みかである財布をきれいするのは、本当に大切なことです。

私のヘアサロンのお客さまでも、よく「貧乏暇なし」と口にする方がいます。言葉が未来を作るという考え方があります。たとえ冗談であっても、「貧乏暇なし」とか「お金に縁がない」などと言わないようにしましょう。「今月は金欠でやばい」なども、たとえ事実であっても、それを口に出してしまうと、さらにお金が逃げて行ってしまうという傾向があります。

そこで、お金がいなくなるような言葉は禁止ワードにして、絶対に言わないよう注意しましょう。

LESSON 27

頑張って活躍するように願う

お金を手放す時には、頑張って活躍するように念を込めて送り出してあげることも大事になります。お金にも意志がありますから、どんな念をこめて送り出すかによって、その後の行き先が変わってきます。

お金をギャンブルなどに使うと、そのお金は浪費されて消えていってしまいます。世の中で活躍してよと言って送り出すと、活躍できるような使い道のところに自然に向かいます。

すべてのものごとには念や意志があります。役に立つように願って送り出してあげましょう。すると、そのお金はあらゆる夢を実現する道具になります。

お金はあらゆるものに変わる万能切符です。

お腹が空いている学生なら、食事をすることができます。普段は切り詰めている主婦が、たまにはエステでリフレッシュする時にも必要です。

サラリーマンが会社で嫌なことがあった時、居酒屋で飲んでストレスを解消する時にも必要です。

すべてのお金は、問題解決や有益な時間を買う道具になるわけです。

知り合いの大成功している社長さんは、財布をまるで自分の子供のように大切に扱っています。毎晩、寝る時には金の座布団の上にお金の入った財布を置いています。

これもお金に対する愛情表現です。やっぱりこのように大事にしてくれる人のところにいたいと、お金も思うはずです。

LESSON 28

生き金のタイミングで送り出す

◎お金を使うタイミングが「生き金」「死に金」を分ける

お金は、ただ使えばいいというものではありません。使うタイミングが大切になります。

タイミングよく使えば「生き金」になりますし、使うタイミングを間違えると「死に金」になってしまいます。

前にお話したように、生き金とはそのお金を最善のタイミングで使い、最高の結果を得ることです。死に金とはそのタイミングでお金を使っても意味がない、もはや使う時機を逸しているお金です。

５０００円を使って、５万円の価値を生み出すのが生き金です。

５０００円の価値が得られればまだいいのですが、２０００円や３０００円の価値しか得られず、最悪のケースではまったくゼロになってしまうのが死に金です。

たとえば、大事な人を自分が招待して初めて会う時には、居酒屋で会うよりはホテルのラウンジや品のよいレストランで会うほうが、当然相手の印象はよくなります。

もちろん、居酒屋よりもホテルのラウンジや品のよいレストランのほうが高価になります。しかし、相手の印象ということを考えれば、その差額は何倍にもなって帰ってきます。

初対面なのにお金をケチって安いお店に招待すると、あなたのイメージまでチープなものになってしまいます。

ここ数年、掃除や片づけの本が売れています。効率のいい掃除の方法がテレビや雑誌で取りあげられるようになっています。すぐ掃除の専門家にプロらしい掃除の方法を習ったり、講習を受け、お掃除のインストラクターの資格を取って世の中に掃除の仕方を広めるたりすることもよいでしょう。このように早いタイミングで掃除のノウハウを学ぶことは、生き金になります。

ところが、その時には資格を取ることを躊躇して迷い、その資格を持ったインストラクターが増えた後に同じ金額を投資して学んでも、市場は飽和状態で死に金になってしまいます。

このようにどのタイミングでお金を使うかが、お金を投資するかがポイントになります。

◎ビジネスの成長曲線を見きわめる

ビジネスには、「導入期」「成長期」「成熟期」「衰退期」という四つの段階があります。

そのビジネスが成熟期や衰退期の時にお金を投資しても、それは死に金になります。導入期や成長期にお金を使って参入すると、生き金になります。自分がお金を投資するビジネスが現在、成長曲線のどの段階にあるのかを見きわめて投資することも重要です。

私は今、コンサルタント、プロデューサーとして多くのお客さまに恵まれていますが、もともとはヘアサロンの技術者でした。

私がこの業界に参入したのは41歳の時です。そのタイミングでお金を投資して、コンサルやプロデュースのノウハウを学んで参入したことで、今活躍できています。もし参入のタイミングが10年、5年遅かったら、現在の私のポジションはないでしょう。たとえ私の能力は同じで、やることも同じでも、どのタイミングで参入したかによって、その後のポジションは大きく変わってきます。

お金を使ったり、投資したりする時にはタイミングを逃さない、ずらさないようにする必要があります。お金への執着が強くて、そのタイミングをずらしてしまうと、本来得られるはずであったものも得られなくなります。

世の中には、この生き金と死に金の概念がわからず、つねに死に金ばかり使っている人もいます。

死に金とは使うべきタイミングがずれ、自分のビジネスとあまり関係のところに使っているお金です。いくらお金を投じても生きてきません。

釣りにたとえると、自分はカツオを釣りたいのに、イカ用のエサをつけて、しかも魚のいないところで釣っているようなものです。

自分の夢とお金をリンクさせずにお金を使っているのは、完全なる死に金です。

また、お金を手放すのが恐くて、お金を本当に小さく小さく使っている人がいます。これでは、セミナーなどの学びの場や交流会でも大きな実は結びません。

料理でも、美味しい料理を作りたければ、お金をかけてしっかりした材料を用意したほうが、手早く美味しい料理を作ることができます。価格だけにフォーカスして、安いことを重視して材料を集めるとうまくいきません。

材料費は安かったけれど、出来上がった料理の質に満足できないのであれば、死に金になってしまいます。

LESSON 29

愛情を持って、感謝の気持ちで送り出す

◎お金は「人の夢を叶え、人を助ける」

ここまでお金についていろいろな話をしてきましたが、最終的にいちばん大切なことは、お金に愛情を持って接し、感謝の気持ちで送り出してあげることです。

お金に愛情を注いでくださいと言うと、「物質的なものに愛情を注ぐというのは非現実的では」と思う方もいます。

しかし、お金をはじめすべてのものに感情があります。

お金を粗末にすれば、その人からはお金が逃げます。お金を大事にすれば、その

人のところにお金がいたがります。お金を大事にしてくれる人のところには、仲間も連れてきてくれます。

お金は世の中でとても重要な役割を担っています。それは、「人の夢を叶え、人を助ける」という役割です。

なにかに困っている人は、お金で自分が抱えている問題を解決する商品やノウハウを買ったりすることができます。貧しい国の子供たちが教育を受けられなかったり、学校に行くことができなかったり、病気になっても治療を受けられなかったりするのは、すべてお金が足りないことから起こる現実です。

そんな大切な役割の持っているお金に対して、プラスの感情を持ってください。
そして、お金を味方につければ、人生は思いどおりになります。
この基本概念をしっかり理解してください。

◎お金と夢と人生はリンクしている

お金と夢を切り離して考えてはいけません。夢とお金はリンクしています。

人生とお金もリンクしています。

人は生きていくうえで、いろいろな問題に直面します。そうした問題を解決するには、必ず専門家がいます。専門家にお金を払って解決するのです。

また、自分の夢を実現するために、いくつかのハードルがあるでしょう。ハードルを自分一人で乗り越えられるのなら問題ないのですが、たいていの場合は専門家のアドバイスや手ほどきを受けて、そのハードルを乗り越えることになります。その際にもお金が必要です。

そして、「お金に働いてもらう」という考えを身につけてください。

お金に自分のために働いてもらうのです。成功者の多くは、お金を働かせています。一方、うまくいっていない人は、お金のために働いています。

お金に働いてもらうのか、お金のために働くのか。
どちらの考え方を持つかで、人生は大きく分かれます。

お金のレバレッジは、大きいお金でなくてもかけることはできます。
今、使えるお金が財布に1万円入っているとしたら、2割くらいは自己投資に使ってください。2割、つまり2000円あれば本を一冊買うことができるでしょう。

自分の夢の実現に関連する本、あるいは今、自分が抱えている問題の専門家が書いた本を買えるでしょう。

自分の稼いだお金の何割かは、つねに自分の成長のために使うという発想が必要です。この自己成長のお金をカットすると、夢も叶いませんし、自分の人生も好転していきません。

人生の時間は有限であることを知ることも大切です。
人生は百年足らずの映画みたいなものです。裸で生まれ、裸で死ぬまでの時間が与えられたリアル人生ゲームです。

私たちは現実という名のバーチャルな世界を生きています。昨日は、もはや手につかむことができません。明日は、まだ見ることができません。今現在だけを生きているのです。

死ぬ時は、ホームレスの人も億万長者も同じように土に帰ったり灰になったりします。

人生とは自分の願望を達成するための旅のようなものです。その願望を達成するために大きな役割を果たすのがお金です。

そのお金をうまく自分の味方につけて、自分の人生の夢を叶えるための道具として使う。相棒としても感謝する。自分のパートナーのように接してあげる……。

このような考え方でいれば、お金はあなたの夢を最速で叶える大きな味方になってくれます。

あとがき

お金の使い方の達人になる！

「お金とは何か」、学校ではこれを教えてくれません。

そのため、お金に対して罪悪感を持ってしまっている人が多くいます。

お金をいっぱい稼ぐのは悪いことと考えたり、お金をいっぱい稼いでいる人を批判している人もいます。


でも、お金というものは、もともと悪いものではありません。生活を便利にするために生まれてきたものです。お金は私たちが幸せに暮らすための道具のひとつなのです。

そして、人生という有限の時間のなかで理想的な人生を作るためには、お金をうまく使っていくことが大切なのです。

お金に罪悪感を持たず、お金が人生を豊かにしてくれることをわかった上で、お金をうまく使っていくことが大事です。

そして、私たちが稼いだお金が自分の手元からなくなることに、どのような意味があるのか、その本質を理解してください。

自分が使ったお金は人様の役に立つのです。

この気持ちがあれば、お金を手放す時も思い切って手放すことができます。そして、お金を使うことが喜びにも変わります。

お金を使う、つまりお金を働かせれば夢の実現が加速するのです。

このような観点からお金をとらえると、自分の夢とお金がリンクしてきます。

最後に、とても大事な話をします。

それは、お金を大好きになることです。
お金もやっぱり自分を好きな人の味方になります。お金を大好きになるという発想を持つと、お金があなたの人生の力強い味方になってくれます。

この本ではお金という非常にナーバスなテーマを取りあげましたが、それほど能力が高くない私が最短で自分の夢を叶えるのには、お金を自分の味方にしなければいけませんでした。そして、そのために私が実践したきたことを、皆さんにも知っていただきたく筆を取りました。

ぜひ皆さんもお金を味方につけて、理想的な人生を手に入れるために勇気のあるお金の使い方をしてお金を働かせていただければと思います。

最後に、普段私を支えてくれているチーム後藤勇人のメンバー、事務局の方々、この本の出版に尽力してくださった、Jディスカヴァーの城村さま、普段私をサポートしてくれているビジネスパートナー・事務局の皆さま、私の留守に会社を支えてくれているスタッフのみんなに、心から感謝いたします。

平成28年　心地よい初夏のある日、都内の素敵な夜景が見えるホテルの部屋から

世界一の男のプロデューサー
女性ビジネスブランディングの専門家
後藤勇人

後《ご》藤《とう》勇《はや》人《と》

世界一の男のプロデューサー
女性ビジネスブランディングの専門家

専門学校卒業後、24歳で独立しヘアーサロンを開業。順風満帆のスタートを切ったが、間もなく社員の謀反や横領など数々の試練を経験し精神的に挫折する。しかし、持ち前の負けん気でビジネスを再構築し、32歳までにグループ4店舗、年収2000万円、1億円の自社ビル建設など、若くして成功を収める。

その後、一冊の本の出版を契機にコンサルティング、プロデュース業界に参入。グレコのギターで有名な世界一のギター会社フジゲン横内祐一郎会長の総合プロデューサーを務める。

さらに、ミスワールド日本代表のブランディングプロデュースを手掛けたことをきっかけに、女性クライアントが殺到、次々とステージアップさせて成功に導く。現在、女性ビジネスブランディングの専門家、ビジネスで輝く女子「ビジ女」のプロデューサー&コンサルタントとして、全国からクライアントが押し寄せている。

著書は、『なぜ「女性起業」は男の10倍成功するのか』（ぱる出版）、『人生を変える朝1分の習慣』（あさ出版）、『世界一の会社をつくった男』（KADOKAWA）、『成功したければ目標は立てるな』（大和出版）、『最強の社員マネジメント』（総合法令）など多数。

■ 一般社団法人「日本女性ビジネスブランディング協会」
　代表理事
■ 有限会社ビーケイプロジェクト　代表取締役社長
■ メルマガ「後藤勇人のメルマガ」で検索
　または、https://goo.gl/R62ohl
■ ご感想、各種お問い合わせ
　メールアドレス　info@jwbba.com
■後藤勇人の各種サービス
「女性ビジネスブランディング」で検索

2016年9月30日　初版第1刷発行

夢実現とお金の不思議な29の関係
～お金でシンデレラの馬車を買う方法～

著　者© 後藤勇人
発行者　脇坂康弘

発行所　株式会社 同友館
〒113-0033 東京都文京区本郷 3-38-1
TEL03-3813-3966　FAX03-3818-2774
http://www.doyukan.co.jp/

三美印刷／松村製本所
企画協力　城村典子
装幀　堀川さゆり
制作　ポエムピース

落丁・乱丁本はお取り替えいたします。
ISBN 978-4-496-05226-2 Printed in Japan